바다와 배, 그리고 별 Ⅰ

바다와 배, 그리고 별 I

김 인 현

法 文 社

책을 펴내면서

목포해양대학교에 부임하자 선배교수들이 '나루터'라는 동인지에 수필 3편을 내라고 했다. 정말 멘붕상태였다. 글이라는 것이 1주일 사이에 막 나오는 것이 아니라는 것을 알았다. 해마다 11월에 돌아오는 수필을 적어내는 것이 고역이었다. 어느 날 아침 출근을 하는데, 재미있는 스토리가 생각났다. 막 적어서 저장해두었다. 아, 이렇게 생각이 날 때 적어두면 되는 것이구나! 이렇게 하여 나의 글쓰기는 시작되었다. 틈틈이 소재가 떠오르면 글을 적어둔다. 글에 자신이 붙자, 고향의 영덕신문에 어릴 적 추억을 글로 남겼다.

2009년 고려대학교 법과대학에 교수로 초빙되었다. 많은 사람들이 시골 면단위 고등학교 출신에 지방대인 한국해양대학을 졸업한 사람이 고려대 법대 교수가 된 것을 의아하게 생각했다. 여러 이유가 있었다. 난파선 선장에서 위기탈출을 한 것도 실패를 한 사람들에게 도움이 될 것으로 보았다. 그래서 1992년 있었던 산코 하베스트호 좌초 사고를 중심으로 내가 어떻게 위기에서 탈출하고 오늘에 이르렀는지 수필의 형식으로 글을 남겼다. 책은 대성공이었다.

이를 읽은 어떤 지인이 동아일보의 칼럼담당자에게 나를 소개했다. 그는 "재미있으면서도 지식을 전달하는 칼럼이 필요하다. 선장님은 재미있는 경험이 많으실 거 같다"고 하면서 몇 편의 글을 보내보라고 했다. 나는 주말에 20편의 글을 초안을 잡아서 그에게 보냈다. 1주일 후 나는 고정칼럼을 갖는 교수가 되었다. 처음에는 20회로 마칠 예정이었지만 동아일보에서 마음에 들었는지 벌써 85회를 목전에 두게 되었다. 사람들은 재미있다고, 교훈이 된다면서 나를 격려했다. 책으로 펴내라는 요구가 많았다. 50호까지 엮어서 단행본으로 내기로 했다. 법문사가 출판을 맡아주기로 했다.

　동아일보가 사용한 삽화는 활용하지 못한다고 했다. 나의 사진으로 설명을 곁들일 수밖에 없었다. 앨범을 뒤지면서 칼럼에 합당하는 사진을 많이 넣어서 설명을 도왔다. 존경하는 분들로부터 추천사도 받았다. 칼럼을 카톡으로 보내주면 항상 답을 주시는 독자들이 계신다. 그런 답변을 부록으로 담았다. 재미를 더할 것이다.

　김인현의 "바다와 배, 그리고 별"이 바다에 대한 진귀한 지식을 전달하고 바다를 우리 국민들이 친숙하게 느끼게 되면 나는 더할 나위 없이 기쁠 것이다. 이 책의 편집을 맡아준 법문사 김제원 이사님, 동아일보 관계자들께도 감사의 인사를 드린다.

2024년 1월

필자 김 인 현

추 천 사

　계몽기 육당 최남선은 '海에게서 少年에게'라는 신시를 발표하여 바다로 향한 우리 민족의 마음을 열어 주었다. 바다는 모든 걸 다 받아주고 끊임없이 움직이며 원대한 희망을 안겨주는 미래 우리 터전이라는 시원함을 전해주었다.

　동해 바닷가에 나서 어릴 적 꿈을 바다에 그리던 긍정적인 소년은 자라서 배를 타고 더 너른 바다를 항해하는 선장이 되었다. 바다에서 별을 보며 꿈을 키웠고 어려움에 부닥칠 때는 참고 풀어가는 인내심도 배웠다. 글로벌 경험을 바탕으로 해상법 교수가 된 뒤에도 선장이라는 칭호가 먼저 불리기 원하는 그는 바다를 긍정적으로 바라보는 미래호의 선장이 되어 진두지휘하고 있다.

　김인현 교수의 경험을 바탕으로 한 현실 진단과 긍정적인 적절한 처방은 바다를 소극적으로 보며 살아가는 우리에게 긍정의 바다를 열어주며 새로운 비전을 잉태한 희망제작소가 되고 있다. 바다를 가까이해서 세계를 제패한 영국 국민은 바다와 더불어 사는 그들의 생활을 자랑스레 여기고 애써 선택하여 즐기고 있음을 볼 수 있다.

　김인현 교수의 경험과 어려움을 풀어가는 혜지를 풀어 쓴 글을 읽다 보면 가슴이 뛰고 주먹이 불끈 쥐어지는 용기를 얻기도 하고 차분하게 마음을 가라앉히는 평정심을 얻기도 하며 무한한 가능성을 내포하고 있는 바다에 대한 살풋한 연정을 느끼게 된다.

　그가 자란 축산항 오징어잡이 수산업의 어려움, 영해 시골 중고교 시절 꿈을 키우던 소년의 선택, 해양대학에서 기른 선장의 기품, 오대양 육대주를 누비며 끊임없이 시야를 넓히던 청년 시절, 글로벌 경험을 통해 단련된 인내심과 웅지의 체험, 해상법 교수로서의 연구와 이론 정립의 열정, 현실문제에 해법을 제시하는 지도자의 혜지와 지도력 등 어느 것 하나 바다냄새가 배어 있지 않은 게 없다.

바다를 통해야만 세계로 나갈 수 있고 바다를 알아야만 미래 선진 국이 될 수 있는 오늘, 우리는 김인현 선장 교수의 다음 바다 이야기 를 기다리며 눈앞에 다가온 내일을 내다보고 있다.

이제 바다는 해운 조선에 그치지 않고 수산업 안보 분야에서도 밥상에 매일 올라오는 메뉴가 되고 있다. 어디 그뿐이랴. 눈을 들어 보면 해양환경, 기후변화, 과학기술의 발달 등 모든 분야에서 주인공 이 되고 있으니 김인현 선장 교수의 바다 이야기가 더욱 분주해지고 있다.

이처럼 바다 이야기가 우리 삶에 녹아들고 있으니 자연스레 문학, 예술 분야에서도 바다의 비중이 커지고 있다. 우리에게 다가온 바다 를 두 팔 벌려 껴안으며 따뜻하게 맞아 우리의 희망으로 키워가려는 우리에게 반가운 길잡이로 빛나고 있는 선장 김인현 교수의 바다, 배, 그리고 별 이야기를 강력히 추천한다.

2024년 1월

한국종합물류연구원장, 바다 공부모임 좌장

정 필 수

추 천 사

    왜 꼭 선장이라고 쓰시나요? 우리 신문에 칼럼을 쓰는 선장님을 만났을 때 처음 물어본 질문이 그거였다. 선장은 책임감이다. 대통령 선거일, "오늘은 대한민국호의 선장을 뽑는 날"이라고 쓰는 신문이 있다. 보통 "박사"라고 쓰는 자리에 '김인현 고려대학교 법학전문대학원 교수, 선장'이라고 당당하게 적는 선장님이 그렇게 멋질 수가 없었다.

    선장님은 항해 실력 뺨치는 글 솜씨를 지닌 팔방미인이다. "태풍이 오면, 항구에 닻을 놓고 있을 게 아니라 빨리 넓은 바다로 나가 파도를 타야만 산다"는 칼럼엔 정신이 번쩍 든다. 바다와 배, 별을 보며 삶에 대한 혜안을 깨우친 선장님 칼럼을 독자도 함께 음미했으면 좋겠다.

2024년 1월

칼럼니스트, 동아일보 고문

김 순 덕

추 천 사

바다는 사나이의 무대다. 거친 망망대해에서 배는 한 점에 불과하다. 폭풍우가 몰아치는 대양에서 선장은 배와 생사고락을 함께하는 최후의 보루다. 선장은 아무나 할 수 없다. 바다와 나와 하늘이 삼위일체가 되는 사람만이 훌륭한 선장이 될 수 있다.

별을 나침반 삼아 뱃길을 알고 날씨를 예상하며 안전하게 목적지까지 화물을 전달하는 일은 고난도의 과업이다. 단순한 직업 이상의 숙명이다. 별조차 보이지 않는 칠흑 같은 어둠을 뚫고 계기판만을 응시하며 항해하는 선장의 삶은 굳은 의지와 항해에 관한 전문지식 그리고 운명을 함께하는 선원들을 리드하는 조화로운 협업 마인드 등이 필수다.

김인현 교수님은 직함이 두 개다. 선장(船長)과 고려대 법학전문대학원 해상법 전공교수다. 도저히 양립할 것 같지 않은 경력은 전형적인 대학교수의 삶과는 다른 인생에서 출발하였다. 해양대학에서 바다를 전문적으로 배우고 공부하였다. 오랜 기간 항해를 하며 바다의 순리를 배웠다. 사판(事判)의 바다에서 이판(理判)의 학문 공부를 하였다. 이판사판의 경력으로 전문 해상법을 공부하고 후학들에게 바다의 질서를 가르친다. 모름지기 학문이란 이론과 실무를 겸비해야 한다. 해상법을 전공하면서 거친 바다의 순리를 체험하지 못한다면 반쪽 학문에 불과할 것이다.

김 교수님의 글은 깊은 사유와 삶의 무게가 실린 체험의 산물이다. 삶이 지루하다고 여기는 MZ세대 젊은이들에게 김 교수님의 '바다와 배, 그리고 별' 이야기를 추천한다.

2024년 1월

고려대학교 통일융합연구원장

남 성 욱

차 례

어떤 선장출신 해상법 교수의 바다 이야기

출국을 앞두고 고향의 아버지를 찾아뵙고 인사를 드렸다. 아버지는 "남의 큰 재산을 책임지는 데 매사 조심하고 사고가 없도록 해라"고 말씀을 하셨다. 내가 선장으로 나갈 때 들려주신 말씀이다. 좌초사고로 패장이 되어 대전 신혼집에 숨어있을 때 아버지가 아시고는 나를 격려하기 위하여 시골에서 올라오셨다. "조부님의 뒤를 이어 큰 인물이 될 것으로 기대했는데, 착한 너에게 어떻게 이런 일이 일어났노. 기운내라. 훌훌 털고 일어나라. 애미 눈에 눈물 나지 않도록 해라"하고 눈물을 훔치셨다.

20년의 사업을 정리하고 1945년 일본에서 귀국하실 때 조부님은 시모노세키에서 어선을 한 척 구입해서 고향 염장의 아래 동네인 축산항에서 수산업을 시작하게 되었다. 물 반 고기 반일 때라서 사업은 잘 되어 선대어른들은 대형어선 3척을 가진 큰 규모의 수산업을 20년 가까이 했다. 매사에 흥망성쇠가 있듯이 가세가 기울던 우리 집 수산업은 내가 초등 1학년 때인 1965년 대경호 좌초사고로 결정타를 맞게 된다. 만선을 한 우리 대경호가 강구항으로 회항을 하다가 축산항의 등대에 좌초한 것이다. 이 사건을 계기로 우리 집은 빚더미에 올라앉으면서 몰락하기 시작하였다.

시골에서 한번 기울어진 가세를 일으키기 위한 유일한 방법은 아랫대에 대한 교육뿐인 것이 1970년대의 사정이었다. 집안의 기대주로 자란 나는 한국해양대학을 졸업하고 선장이 되었다. 호주로 인광석을 실어다 주던 중 해도에 나와 있지 않은 암초에 선박이 좌초했다. 집안을 일으키고자 택했던 국립 한국해양대학교행, 이제 집안이 안정될 만하자 다시 나에게 찾아온 좌초사고... 열심히 착하게 살았는데 왜 나에게 이런 일이? 나는 크게 낙담했다. 다시는 바다로 돌아가지 않겠다고 결심했다. 그런데, 호주에서 소송이 제기되면서 준비과정에서 나는 내가 꼭 해야 할 일을 찾게 되었다. 해상법이었다. 선장출신이 해상법을 공부하면, 전문성도 있고 나와 같이 사고를 당한 선원들을 도와줄 수 있어서 좋을 것 같았다.

나는 선박의 책임자인 선장으로서 책임을 다하지 못한 점을 반성하였다. 명심보감과 대학도 공부해서 내공도 쌓으면서 매일 성실한 삶을 살아가고자 결심했다. 도산에도 불구하고 야반도주하지 않고 막노동으로 빚을 갚고 13명 대식구를 이끌면서 20년 동안 역경을 정면돌파하면서 집안을 이끌어 오신 아버지. 부전자전. 아버지와 같이 정면돌파의 길을 택한 나는 바다를 떠나지 않았다.

1993년 12월 고려대 대학원 시험에 합격하여 1994년부터 바다를 다루는 해상법이라는 학문의 길로 들어섰다. 지난 25년 세월 동안 열심히 했다. 중진교수가 되었다. 이제 나를 둘러싼 두 번의 좌초는 우연일 뿐이었고, 그 좌초사고들이 나를 해상법의 길로 인도해준 길잡이 역할을 해주었다는 긍정적인 평가를 내리게 될 정도가 되었다.

유년시절 집 앞에 있는 바위 위에 자주 올라갔었다. 가난 때문에 중학교, 고등학교를 서울이나 대구로 나가지 못하고 고향의 학교에 쳐져 있다는 것이 한이 되었다. 답답함을 풀기 위하여 바위 위에 올라가면 동해의 넓은 바다가 나를 맞이하였다. 어른들은 말씀하셨다. "배질을 이틀 하면 황금어장인 대화태가 나온다. 그리고 남으로 가면 포항이 나오고 북으로 가면 후포가 나온다"고 했다. 넓은 세상이 있구나... 바다는 나에게 무언가 말을 해주는 듯했다. 그것이 무언지... 나는 고등학교를 졸업할 무렵까지 내가 꼭 무엇을 해야겠다는 장래 직업상이 없었다. 그 당시 바다가 나에게 해주고자 했던 말은 바로 "해상법학자"라는 것을 이제야 알게 되었다. 제대로 된 해상법 학자가 되기 위해서는 바다를 알아야 한다. 유년시절 가업으로 인연을 맺은 수산업에 대한 경험, 그리고 직업으로 택한 선장생활은 해상법 공부에 큰 도움이 되었다. 해상법 교수가 되기 위한 수순을 유년 때부터 지금까지 제대로 밟아 온 것이다.

이제 내가 자란 유년기 경북 동해안 포구의 아름다운 일상들, 성년이 되어 선장으로서 바다를 누린 낭만적인 순간들, 목숨이 걸린 절체절명의 아찔한 순간들, 그리고 수산, 해운, 해양 분야의 현실의 쟁점들 또한 더욱 가치 있게 내게 다가온다. 내가 고향이나 바다 관련 수필을 적게 되는 이유이다. 조금은 우리로부터 멀리 떨어져 있는 듯한 바다에 관한 지식과 그 바다가 주는 긍정의 에너지를 독자들과 공유하고자 한다.

(2018. 9. 어느 날, "바다와 배, 그리고 별" 연재를 시작하면서)

01

골목길 형님들이 조폭이 됐다

'캐리비안의 해적' 주인공 조니 뎁. 섹시한 해적에게 여성 관객이 꽤 열광했다. 17, 18세기 바다를 주름집있던 해적, 그들은 지금은 영화에서나 볼 수 있을 것 같다.

하지만 해적을 피부에 와 닿게 한 사건이 있었다. 2011년 석해균 선장의 삼호주얼리호 구출 작전. 필자는 실제로 해적을 만난 선장을 만난 적이 있다. 1980년대 중반 일본 어느 항구에 닻을 내린 선박에 승선했는데, 선장은 지난 항해에서 해적을 만나 선상금(배에서 선원에게 지급하려 준비한 돈)을 모두 **빼앗겼다**고 흥분했다. 싱가포르 인근 말라카 해협에서다.

바다가 좁기 때문에 여기를 지날 때는 속력을 늦춰서 10노트(시속 약 18.5km) 정도로 거북이 운항을 한다. 육지 가까운 곳에서 접근한 해적들은 초쾌속선을 타고 뱃전에 붙어서 갈고리를 던진다. 선박 쇠붙이에 걸린 갈고리에 연결된 밧줄을 타고 곡예를 하듯이 배에 오른다. 수만 t에 이르는 '고래'만 한 배들도 이 '벼룩' 만한 갈고리에 걸리면 꼼짝없이 당한다.

배에 오른 해적은 선원을 인질로 잡아 칼을 겨누고 선장실로 간다. 선장의 손을 묶고 선상금을 금고에서 꺼내라고 윽박지르고 가방에 돈을 담는다. 그러고는 선장을 인질로 데리고 가 배에 올라탄다. 일단 해적들이 선박에 올라 선원 한 명이라도 인질로 잡으면 속수무책이다. 몇천 달러의 돈을 다 털리고 만다. 해적을 만나면 돈도 돈이지만 배에서 절대 권위인 선장 체면이 말이 아니다. 팬티 바람으로 꽁꽁 묶여…. 선박 회사에서는 해적 방지책을 내놨다. 하나는 갑판에 설치된 소화용 물대포로 선박에 오르려는 해적을 쏘는 것이다. 다른 하나는 해협을 지날 때 갑판 당직을 세우는 방법이다. 당직자는 방망이를 들고 있다가 해적이 수면에서 뱃전 위로 올라올 때를 대비한다. 당시 말라카 해적은 총을 가지고 있지 않아 그나마 싸워 볼 만했다. 이들은 가난한 인도네시아인이 많았는데, 이들을 만나는 일은 학창 시절 골목길에서 '껌 좀 씹는' 선배들에게 돈을 뜯기는 정도랄까.

하지만 2000년대 들어 해적이 달라졌다. AK 소총으로 무장한 소말리아 해적은 '골목길 깡패'가 아니다. 선박을 통째로 항구로 끌고 가고, 선박과 선원의 석방을 위해 보석금을 요구한다. 총기를 선장이 가지고 있으면 도움이 되지만, 총기 보유는 고립된 배에서 위험한 일이라 허용되지 않는다. 그 대신 소말리아를 지날 때 무장한 청원경찰을 배에 모시고 항해한다. 곤혹스러운 것은 인질로 잡힌 선원을 구하기 위해 석방금을 해적에게 제공해서는 안 된다는 유엔과 미국의 입장이다. 해적을 소탕하기 위해 이런 엄정함이 필요하지만 인질 가족이나 회사는 난감하다. 그나마 영국 법원이 석방금도 보험회사가 지급해야 할 사안이라고 판결해 돈을 구할 길은 열렸다. (2018.10.5.)

02

어느 별에게 물어볼까요?

"지도 얼른 펴 봐. 여기서 좌회전이지?"

내비게이션이 없던 시절 조수석에 탄 사람은 참 바빴다. 지도를 보고 운전자에게 어디로 가야 할지 알려줘야 했다. 순발력이 없으면 차가 '삼천포'로 빠지기 일쑤였다. 지금은 다 추억이 됐지만 ….

좁은 땅에서도 이렇게 어려운데 망망대해에서 길 찾기는 얼마나 어려울까. 태양과 달, 혹은 별의 고도를 구하고 '올머낵(almanac)'이라는 책을 찾아봐서 현재 위치를 구하는 방법이 있다. 고도를 구함에는 '섹스턴트'라는 도구를 이용한다. 올머낵은 선조들이 천체의 시간별 고도를 측정해 만든 책자이다. 그 날짜와 시간에 어떤 별이 어느 고도에 있다면 당신의 현재 위치는 어디라고 알려주는 기능을 한다. 이런 항해법을 천문 항해라고 한다. 콜럼버스 '선배님'으로부터 수백 년 동안 항해 선배들이 사용해온 지혜다.

이 방법은 여전히 유효하다. 일몰이나 여명 때면 하늘에서 별이 반짝인다. 북반구에는 시리우스, 스피카, 알데바란, 안타레스와 같은 별들이 밝아서 잘 보인다. 1등 항해사는 오전 5시와 오후 7시경 두 차례 섹스턴트를 들고 윙브리지에 나가서 5개의 별을 차례로 고도를 잡아 온다. 그러고는 올머낵을 보고 계산해 10분 내로 5개의 별을 해도에 선으로 집어넣는다. 그러면 선이 한 자리에 만나는 점이 바로 현재의 위치이다. 한 점에 별 5개의 선이 모이면 기분이 좋다. 일단 위치를 잘 구한 것이다. 1등 항해사의 업무 중 가장 중요한 것이다.

이런 방법은 안개가 끼거나 날씨가 흐리면 무용지물이다. 고도를 구할 대상인 태양이나 별들을 볼 수 없기 때문이다. 레이더로 구하는 방법도 있다. 레이더는 전파를 보내 반사파가 돌아와야 하니까, 반사가 가능한 물체가 레이더 주변에 있어야 한다. 그러므로 육지에 가까운 경우나 앞에 반사체가 있을 경우에만 가능하다.

북태평양에서 안개가 자욱이 낀 상태에서 선박 두 척이 만났다. 선박에 처음 부임한 3등 항해사들은 학교 졸업 뒤 처음 선박전화로 서로 통화하며 안부를 전했다. 전화 목소리는 더욱 깨끗해지면서 통화하기도 더 쉬워졌다. 거리가 점점 가까워졌음을 인지하지 못한 채 통화를 계속한 결과는 충돌 사고였다. 레이더를 작동시켜서 항상 앞에서 접근하는 선박의 동향을 파악하는 기초를 잊었기 때문에 발생한 사고다.

최근에는 인공위성이 상용화돼 위성위치확인시스템(GPS)이 선박의 위도와 경도를 알아내 선박에 알려준다. 군사적 목적으로 미국 정부가 개발했는데, 점차 민간에도 사용이 허용됐다. 1990년대 초반만 해도 위치의 오차가 1마일(1.6km) 정도 났지만, 큰 바다에서 이 정도 오차는 전혀 문제가 없었다. 10여 년 전부터는 인공위성을 이용한 내비게이션이 상용화됐고, 개량을 거듭해 현재 우리가 사용하는 자동차 내비게이션이 탄생했다.

내비를 포함하는 GPS야말로 바다에서 위치를 구하는 최종 결정판이다. 그래도 가끔은 별을 보며 항해하고 싶은 생각이 든다. 문명의 이기를 쓰지 않고 자연과 호흡하며 가는 항해가 그립다. 별과 바다와 나, 얼마나 낭만적인가. (2018.10.19.)

▶ '안타레스'라는 별의 이름을 붙인 선박   ▶ 선박에 비치된 GPS

03

흑산도에는 여성 선장이 있다

손예진은 '걸크러시' 그 자체였다. 영화 '해적: 바다로 간 산적'에서 얼마나 멋진가. 뱃멀미나 하는 사내들을 휘어잡는 여두목으로 배를 호령하는 당당함이란. 이런 여성이라면 거친 바다에서 의지할 만하다.

하지만 실제로는 '배와 여성'은 그동안 상극이었다. '배에 여성이 타면 안 된다'는 금기를 나는 어려서부터 들었다. 1978년 해양대에 입학했을 때 동기생 400명 중 여학생은 1명도 없었다. '여학생은 입학 불가'였다. 거친 바다와 여성이 어울리지 않는다는 생각에서 비롯된 것이었다. 금녀의 벽은 1990년대 말부터 깨졌다. 하지만 정원의 5%만 여학생의 입학이 허용됐다.

미국에서도 여선장이 나온 것은 얼마 안 됐다. 2004년 미국 뉴욕 방문 때 '킹스포인트'를 찾았다. 킹스포인트는 미국 상선사관학교의 별칭으로 한국의 해양대가 벤치마킹한 대학이다. 이 대학의 해상법 전공 교수를 만났는데 40대 중반 여성이었다. 명함을 주고받는데 내 명함에 '선장'이라고 적힌 것을 보고는 "나도 선장 출신"이라고 했다. 그는 텍사스 해양대를 졸업하고 상선에서 근무했으며, 미국 상선 첫 여성 선장이며 첫 여성 도선사였다. 당시 한국에는 여성 항해사도 드물었다.

어선의 경우 이런 터부가 강하지 않다. 부부가 같이 어선을 타고 고기 잡는 모습을 드물지 않게 볼 수 있다. 남편은 선장이고 부인은 부선장인 셈이다. 정부는 어선의 사고 예방을 위해 면허제를 도입하려고 했다. 어선 등 소형선박 선원에게 소형선박조종사 면허를 부여해 관리하자는 취지였다. 면접시험에 면접관으로 갔는데, 내 앞에 중년 여성이 나타났다. 남편과 함께 고기잡이 배를 모는데, 자신이 선장 역할을 한다고 했다. 합격을 시켜줄 정도는 됐다. 그는 나에게 "흑산도에 한번 놀러 오시면 잘 대접하겠다"라고 했다. 면접관에게 이런 말을 하는 사람은 처음이라서 지금도 기억에 남는다. 적어도 흑산도 어선에는 여성 선장이 있는 셈이다.

묘하게도 바다에서 여성이 주도적인 역할을 할 때가 있다. 선박 진수식의 테이프 커팅은 반드시 여성의 몫이다. 첫 항해도 처녀항해(maiden voyage)라고 부른다. 선박은 영어에서 '쉬(she)'라고 부른다.

1982년 내가 직업적으로 처음 탄 배 이름은 '페넬로페 오브 요크(Penelope of York)'였다. 그리스신화 속 등장인물 페넬로페에서 딴 이름이었다. 호메로스의 대서사시 오디세이의 주인공 오디세우스의 아내다. 사우디아라비아 홍해의 얀부에서 페르시아만의 라스타누라를 왕복하며 원유를 나르는 배였다. 계약 기간 1년 동안 매주 두 번씩 입출항을 해야 하는 고된 일이었다. 더 힘든 점은 입항해도 좋아하는 맥주를 마실 수 없다는 것이었다. 고생하는데도 스트레스를 풀 수 없다니…. 그래서 나와 다른 선원들은 이 배의 이름을 살짝 바꿔 '피보고 욕보는 배'라는 별명으로 불렀다.

▸ 페넬로페 오브 요크 선박(첫 승선한 배)

　해양대에 여성의 입학이 허용된 지 20년. 드디어 지난해 국내서도 외항 상선에 여성 선장이 탄생했다. 다른 분야에서도 그렇듯이 금녀의 벽은 수평선 너머로 사라졌다. 여성의 섬세한 감각이 바닷길을 환히 비춰 주길 기대한다. (2018.11.2.)

04

인생 2막은 크루즈선 선장으로

　삶의 모래시계가 끝으로 향하는 순간에도 선상에선 바이올린 선율이 울린다. 샹늘리에가 반짝이는 내부는 얼마나 호화로운가. 미소 가득 승무원, 아인슈타인의 상대성 원리를 이 공간에만 적용해 쭈~욱 늘려 놓을 것 같은 여유로운 시간. 흡사 거대한 코끼리 등에 올라 끝없는 대륙을 횡단하는 느낌이라고 할까. 크루즈 여행 말이다. 비극의 영화 '타이타닉'을 보며 어떤 이들은 눈물을 훔쳤지만 나는 크루즈의 매력을 다시 곱씹었다.

　우리도 최근 크루즈 여행이 조금씩 늘고 있다. 국내에서 해외 여행을 위한 여객선으로는 한중, 한일 카페리가 대표적이다. 한중 합작으로 운항되는 여객선사가 10여 개다. 위동항운의 인천~칭다오, 인천~웨이하이 항로가 대표적이다. 한일 여객선사는 팬스타가 대표적으로 부산~오사카 라인이 인기가 많다. 한국~중국과 한국~일본을 잇는 여객선에서 벗어나 한국~일본~러시아 3개국을 운항하는 선사도 생겼다.

　세계 유수의 크루즈가 정기적으로 부산과 제주, 인천, 속초 등을 기항하고 있다. 한국에는 아직 크루즈만 운영하는 여객선사는 없다. 그렇지만 중간 단계인 구획(항해)용선을 담당하는 여객선사가 생긴 것은 고무적이다. 이탈리아 여객선사 코스타의 크루즈선은 여객 2,000여 명이 타는 선박이다. 강원 동해와 러시아 블라디보스토크, 일본 서부 지역 여러 항구를 기항한다. 국내 여객선사 팬스타가 200명분을 코스타로부터 빌려 이 부분에 대한 운송인이 되는 것이다. 이런 구획(항해)용선의 단계를 지나면 한국도 독자 크루즈선 운항이 가능하게 될 것이다. 현대상선은 1998년부터 시작된 금강산 관광을 위해 크루즈선을 운항하기도 했다.

타이타닉호처럼 크루즈는 매력 덩어리다. 나는 카페리를 이용해 두 번 단체 해외여행을 다녀왔다. 이런 여행은 동료, 친구, 가족과 많은 시간을 함께할 수 있어서 좋다. '덩치 큰 외국인이라도 옆에 앉으면 어쩌지'라고 걱정부터 되는 비행기 여행에 비할 바 아니다. 오랜만에 만난 학교 동창끼리라면 수십 년의 거리감을 좁힐 수 있다. 여객선은 기울어져도 금방 제자리에 돌아오도록 무게 중심을 아래에 두면서도 좌우요동이 적도록 안전장치를 배 아래에 달아 흔들림이 적다. 육지처럼 편안하게 시간을 보낼 수 있다.

충분히 잘 수 있기 때문에 해외여행이 피곤하지 않고 귀국 후에도 바로 업무에 들어갈 수 있다. 무엇보다도 자연의 아름다움을 즐길 수 있다는 게 가장 큰 장점이다. 신선한 공기를 마시며 일출과 일몰의 아름다움을 감상하고 밤에 별자리를 찾아볼 수 있다. '하늘과 바람과 별과 바다'가 가슴으로 들어온다. 바다를 보며 '내가 얼마나 작은 존재였나'를 떠올리는 것도 매력이다. 다만 시간이 많이 걸린다는 단점이 있다. 중국의 항구까지는 비행기로 2시간이면 충분할 것을 5배나 더 걸려 10시간을 항해해야 한다.

정년퇴직을 하면 크루즈선 선장으로 근무하고 싶다. 일반 상선의 선장과 달리 수많은 사람의 안전을 책임지므로 심적 부담이 크다. 그렇지만 다양한 배경의 사람들과 다양한 주제로 대화하며 친분을 쌓는 것은 큰 즐거움이다. 가즈~아, 로스쿨 교수 출신 선장이 운항하는 대한민국 크루즈선으로. (2018.11.23.)

▶ 팬스타 드림호를 타고 친구들과 크루즈여행

▶ 팬스타 드림호

05
아찔한 미션 "원목을 수송하라"

　내 연구실을 둘러보니 온통 책꽂이와 책상뿐이다. 은은한 나무향이 밀려오면 편안함이 느껴지기도 한다. 그런데 나무향이 가끔 원목선 탈 때를 떠올리게 하면 느낌은 오싹함으로 바뀐다.

　원목 운송은 위험해 선원들이 기피하기로 유명하다. 선원에게 생명수당을 따로 지급할 정도다. 보통 갑판 아래 선창에 화물이 실린다. 화물을 선창에 가득 실으면 마치 오뚝이의 원리와 같이 선박이 경사져도 쉽게 제자리로 돌아온다. 배 중심이 아래에 있기 때문이다. 그런데 원목은 갑판 아래의 공간으로는 부족해 위에도 가득 싣는다. 그렇기 때문에 선박이 기울면 돌아오는 힘인 복원성이 약해져 뒤집힐 우려가 있다.

　미국 북서부 워싱턴주와 오리건주는 원목 수출지로 유명하다. 이곳을 흐르는 컬럼비아강은 미국 북서부 깊은 내륙에서 발원한다. 벌채한 원목을 뗏목 다발로 만들어 강을 따라 내려 보내면 워싱턴주 롱뷰 같은 강 항구에서 원목 다발을 선박에 싣는다. 원목을 싣는 작업을 1주일 정도 하면 출항 하루 전 1등 항해사는 큰 결정을 내려야 한다. 이제 남은 공간에 얼마를 더 실을지 말이다. 여기에서 고려하는 요소가 복원성이다. 선박을 인위적으로 좌우로 움직이게 만들어 이동 주기가 몇 초인지 초시계로 잰다. 계산수식에 따라 간단히 복원성을 구할 수 있다.

화주(화물 주인)는 1등 항해사에게 가져온 원목 다발을 다 싣자고 사정한다. 만약 몇 다발만 남겨도 컬럼비아강을 따라 원목을 원위치에 가져다 놓아야 하는데, 끌고 가는 비용이 미국에서 중국으로 가는 운송비보다 더 든다. 이 상황에서 1등 항해사의 마음이 약해져서는 안 된다. '용왕님 안 만나려면 냉정함뿐'이라고 되뇌어야 한다. 북태평양의 차디찬 바다를 떠올려야 한다. 배가 알류샨열도를 지날 때 파도가 갑판 위에 놓인 원목에 얼음을 만든다. 얼음 무게까지 추가된다. 이 경우를 모두 고려해 화물 무게를 결정해야 한다. 몇 다발을 추가로 실었다가 복원력이 나빠지면 배가 전복될 위험이 더 높아진다.

원목선 생활은 매우 한가롭고 편안하다. 탁구를 편하게 칠 수 있고 잠도 편하게 잘 수 있다. 선박이 긴 주기에 걸쳐 천천히 좌

▸ 산코라인 선목선

우로 이동하기 때문에 육지에 있는 것과 같이 느껴진다. 원목선에서 뱃멀미는 없다. 그렇지만 경험 많은 선원들은 마음이 편하지 않다. 선박이 긴 주기로 움직인다는 것은 복원성이 나쁘다는 의미다. 옆에서 큰 파도를 맞으면 선박은 전복되기 쉽기 때문이다. 원목선에서 옆 파도인 횡파(橫波)를 맞는 것은 금기사항이다. 항해 도중 선장과 항해사들은 배의 앞쪽에서 파도를 맞도록 파도의 방향과 부단히 싸운다.

하역작업은 부두에서 최소한 1주일 이상 걸린다. 선원들은 항구에 상륙해 쇼핑을 하거나 간단히 맥주를 마실 수 있다. 하루만에 출항하는 컨테이너 선박과 비교할 때 큰 장점이다. 인연을 만나는 기회도 있다. 나는 보잉사를 은퇴한 덜쿠퍼 씨 부부를 1985년 워싱턴주 포트 앤젤레스에서 만나 20년 이상 인연을 이어왔다. 이들을 통해 미국 중산층 사회의 일면을 알게 됐다. 그가 건네준 1940년 발간 타임지는 소장품 1호다. '이 타임지도 그러고 보니 나무로 만든 거네.' (2018.12.7.)

06
적도의 붉은 선을 찾아보시게

　뱃사람들은 적도를 지날 때 '바다의 신' 포세이돈에게 안전 항해를 기원하는 제를 올린다. 이런 의식을 '적도제(赤道祭)'라고 부른다. 적도 지대에는 바람이 잘 불지 않는다. 범선이 대세이던 시기에는 바다의 신에게 바람을 일으켜 달라고 비는 제사를 지냈다. 범선은 바람으로 추진력을 얻는데 바람이 없어서 덥고 습한 날씨에 갇혀 있다고 생각하면 끔찍하다. 적도 지역을 재빠르게 빠져나가고자 선원들은 간절히 소망했을 것이다.

　한국해양대는 이런 바다의 전통을 가르치는 취지에서 매년 5월 열리는 대학 축제의 이름을 적도제라고 했다. 그런데 축제에는 '괴상한' 전통이 있었다. 바로 스트리킹. 1970년대 후반 미국에서는 기존 체제에 반항한다는 취지에서 젊은이들이 벌거벗은 채로 거리를 달리는 스트리킹 현상이 나타났다. 이 스트리킹을 원양 실습을 나간 선배들이 배워 와 적도제에 접목했다. 날이 어둑해지면 운동장을 메운 남녀 수백 쌍이 둘러서서 캠프파이어를 감상했다. 분위기가 한창 고조됐을 때 한쪽 구석에서 고함소리가 들리면서 나체가 나타난다. 흰 제복을 입은 해양대 학생의 파트너 자격으로 적도제를 보려고 오는 여성이 많았다. 여성들은 나체가 나타나면 손으로 눈을 가린다. 개중에는 호기심에 손가락을 벌린 여성도 있었다고 한다. 지금은 이런 일이 벌어지면 '미투'가 발생할 수도 있지만 당시는 호기 어린 낭만이었다.

▶ 적도제에서 절하는 필자

처음 3등 항해사로 승선했을 때 부식으로 돼지머리가 들어왔다. 다른 선원에게 어디에 쓰냐고 물었더니 적도제에 쓴다고 했다. 바다에서 열리는 적도제는 과연 어떨까 궁금했다. 미국 서부와 중국을 항해하는 우리 배는 적도를 지나지 않아 사실 엄밀한 의미의 적도제를 할 수 없었다. 그런데도 궁금했다. 출항 5일째가 되자 경도 180도선을 지나게 됐다. 지구 동쪽 반구에서 서쪽 반구로 넘어갔다. 선장이 적도제를 지낸다고 했다. 적도를 지날 때 여는 적도제를 경도 180도를 지날 때도 지내는 관행이 해운업계에서 생겼다는 것을 알게 됐다. 적도제가 아니라 180도제인 것이다.

적도에 대해 잊지 못할 에피소드가 있다. 적도를 지나기 하루 전 선장은 "적도(赤道)는 붉은 띠라는 의미다. 우리 배가 적도를 지날 때 바다에 쳐 있는 붉은 띠를 꼭 찾아서 확인해야 한다"고 했다. 이상하게 생각하면서 쌍안경으로 바다를 유심히 살펴봤다. "아무것도 없다"고 하자 선장은 웃으면서 "이 친구 순진하긴, 넓은 바다에 붉은 띠를 사람이 만들 수 있나. 해도에서 적도를 확인하면 된다"고 했다. 육지에 지도가 있듯이 바다에도 지도가 있다. 이를 해도(海圖)라고 한다. 해도에는 위도와 경도, 항해와 관련된 각종 정보가 들어 있다. 해도에도 북위 0도인 적도가 표시돼 있다. 이것을 알기 쉽게 붉은색으로 선을 그었다. "재미있다"라고 말하며 머리를 긁적이는 순간 배는 북반구와 적도를 지나 남반구에 들어갔다.

적도제는 19세기 말부터 시작된 기선 시대에는 역할을 잃었다. 그럼에도 전통은 이어지고 있다. 다만 선원들이 바다의 신에게 비는 내용은 바람을 일으켜 주십사는 것에서 안전 항해로 바뀌었다. 바다의 안전은 시공을 초월하는 것이니, 배가 물길을 가른다면 적도제는 영원히 지속될 것이다. (2018.12.21.)

07

'국제시장'의 또 다른 주인공

　어르신들의 눈물샘을 자극한 영화 '국제시장'. 이 작품의 주인 공들이 파독 광부와 간호사다. 조국 근대화에 기여한 분들의 스토리가 많은 이들을 극장으로 불러 모았다. 나도 옆 사람 눈치를 보며 눈물을 훔치다가 그만 엉엉 운 기억이 있다.

　한데 영화 주인공이 추가돼야 한다는 생각이 들었다. 바로 해외 송출 선원들이다. 이분들이 오대양에 흘린 땀과 눈물이 태평양만큼이라고 과장하고 싶다. 1967년 송출 선원 2,000여 명이 외화 300만 달러를 번 것을 시작으로 1978년 1만7,000여 명이 1억 달러, 1988년 4만여 명이 5억 달러, 그리고 정점일 때인 1996년 5만여 명이 5억4,000만 달러를 벌어들였다.

　외국 선주들의 배에 올라 계약 기간 1년 동안 일하는 이들을 송출 선원이라고 불렀다. 선원들의 해외 송출은 1970년대부터 활성화됐다. 송출 선원들은 달러를 고국에 벌어준다는 자부심으로 사기가 높았지만 선상 생활은 고됐다. 근무 시작 10개월은 돼야 휴가를 얻을 자격이 주어졌다. 계약 기간 중 선박이 한국 항구에 기항하면 집에 가서 가족들을 만날 수 있지만, 외국 선박이다 보니 그런 경우는 드물었다. 그래서 적어도 10개월 동안 가족들을 만날 수 없다는 게 어려운 점이었다.

▸ 1년 2개월 동안 승선한 산코 안타레스호 일정표

▸ 1년 2개월 동안 승선한 산코문 일정표

일본이라도 기항하게 되면 100엔짜리 동전을 전화기에 넣고 그리운 가족과 국제전화를 할 수 있는 것만도 기쁨이었다. "순이야 잘 있니?"하고 말이다. 항해 중 영어로 'HANJIN' 'HYUNDAI' 'PAN OCEAN'과 같은 국적선사의 선박을 만나면 눈물이 쏟아졌다.

항구에 기항하면 가족과 친구들 선물 준비하기에 바빴다. 그 시절 미국에서는 초이스 커피, 중국에서는 우황청심환과 편자환 같은 약제, 일본에서는 카세트 플레이어 등 전자제품이 인기 품목이었다. 선박에서 조니 워커, 버드와이저 같은 국내서 보기 드문 주류를 3분의 1 가격에 마시는 것으로 시름을 달랬다. 1985년경 VHS 비디오가 나와 방송 드라마, 영화 테이프 등을 구입해 항해 중 감상하면서 시간을 보내게 됐다. 신동아와 같은 시사 잡지는 선장과 기관장 등 고급 사관들에게 읽을 거리와 대화 거리를 제공해줬다.

경기가 좋던 시절 내가 승선한 일본 산코 라인에서는 1년에서 하루라도 넘겨 승선하면 휴가비를 2배로 주는 제도가 있었다. 그래서 일본에서는 통상 여러 항구를 기항하므로 1년 하고 하루가 넘도록 하선(下船)일자를 만들어주는 배려를 선장이나 회사에서 해주었다. 휴가비도 상당한 금액이었기 때문에 이를 2배로 받는다는 것은 큰 혜택이었다. 선장들은 1년을 승선하면 서울 은마아파트 66m²(약 20평) 한 채를 살 수 있다고 말할 정도로 보수가 좋았다.

이들이 달러가 귀할 때 1년간 5억 달러에 해당하는 외화를 벌어주어 경제 발전에 기여한 점, 연간 5만 명에 해당하는 일자리를 마련한 점, 체득한 선진 해운 경영기법을 접목시킴으로써 우리 해운산업의 발전에 기여한 점은 높이 평가해야 한다. (2019.1.4.)

08

레이더보다 우수한 '징소리 레이더'

전설은 항상 호기롭다. 과장이 더해져 카리스마를 만든다. 망망대해를 가르며 호연지기를 기른 뱃사람들도 오죽하랴. 그들 사이에서 전해지는 전설 몇 개를 소개한다.

선박에 레이더가 장착되지 않았던 1940년대의 이야기이다. 배가 항구에 도착하면 닻을 놓아야 한다. 닻은 배를 제자리에 고정시켜 준다. 옛날 어느 항구에 안개가 자욱한 날이었다. 레이더가 없었기 때문에 안개가 심하면 닻을 내릴 곳을 찾기가 어렵다. 닻을 잘못 놓으면 배가 다른 배나 육지와 충돌한다. 그때 선장이 선원에게 명령했다. "징을 들고 배 앞에서 쳐라." 영문을 모르겠다는 표정의 선원들을 뒤로하고 선장은 징소리를 들으며 배를 움직였다. 그러고는 "이곳에 닻을 내려라"라고 소리쳤다. 여전히 주변에는 아무것도 보이지 않았다. 그는 "좋은 곳에 닻을 놓았다"며 선장실로 들어가 버렸다.

아무것도 보이지 않는데 닻을 내리다니. 선원들은 걱정했다.

▸ 신성모 캡틴

얼마 뒤 안개가 걷혔다. 살펴보니 그렇게 좋은 자리에 닻이 놓여 있을 수가 없었다. 선장은 징소리가 주변 육지와 섬에 반사돼 돌아오는 소리를 듣고 거리를 파악해 닻을 놓은 것이다. 전설의 주인공은 영국계 상선학교를 나와 최상급 선장면허까지 딴 전무후무한 한국인. 대한민국 제2대 국방부 장관 고(故) 신성모 캡틴이다.

한국인 김정남 씨의 일화도 뱃사람들 사이에서는 유명하다. 1969년 항해 중 열린 회식에서 술을 많이 마신 그는 속이 답답했다. 그는 난간에 몸을 기댔다가 배가 요동치는 순간 떨어졌다. 이를 모른 채 배는 떠났다. 정신을 잃을 무렵 큰 거북이가 다가왔다. 가까스로 그는 거북이 위에 올라탔다. 시간이 흘러 지나가던 스웨덴 선박이 그를 발견했다. 망망대해에서 사람이 거북이 등에 타고 있다니. 그를 발견한 선장은 폴라로이드 카메라로 사진을 찍었다. 그리고 미국 로스앤젤레스에 입항한 뒤 사진을 신문사에 보냈다. '거북을 타고 기적적으로 살아난 한국인'이라는 기사가 뉴욕타임스 호외에 실렸다.

교훈을 담은 전설도 있다. 16세기 말 네덜란드의 한 선장이 북극항로 개척에 나섰다. 그는 1597년 3차 원정 도중 노바야제믈랴섬의 얼음에 갇혔다. 선장과 선원들은 얼음이 녹을 때까지 수개월간 고립됐다. 17명 중 5명이 동사하거나 굶어 죽었다. 선장도 죽었다.

봄이 오자 선원들은 구조됐고 고국에 돌아왔다. 이들을 맞이

한 네덜란드 국민들은 뜻밖의 사실에 놀랐다. 배에 실려 있던 화물이 그대로 보존됐던 것. 그중에는 옷가지, 음식도 있었다. 이를 꺼내 입고 먹었다면 선원들이 죽지 않았을 것이다. 하지만 "사람들이 우리에게 맡긴 옷가지, 음식 등 화물에 손대지 말라"는 선장의 명령을 선원들은 목숨을 버리며 지켰다.

이후 네덜란드 선원에 대한 신뢰도가 높아져 네덜란드는 화물을 운송하는 해운 강국이 됐다. 죽은 선장이 남긴 북극 탐험기록은 1871년 발견됐다. 이 전설적인 선장의 이름은 빌럼 바렌츠다. 그가 발견한 바다는 그의 생애를 기려 '바렌츠해'로 명명됐다. 그의 얼굴은 유로화 동전에도 새겨졌다. 목숨보다 신용을 소중하게 여긴 520년 전 전설 앞에 숙연해진다. (2019.1.18.)

09

다리 9개 말린 오징어 "내 다리 내놔"

1월이면 오징어 건조가 끝날 무렵이다. 최근 오징어가 대풍이라는 기사가 났다. 오징어만큼 우리에게 친근한 바다 먹거리도 없다. 맥주 안주나 젓갈로 인기가 높다. 9월 추석 무렵부터 11월 말까지 약 3개월 정도 잡히는 오징어는 동해안 주민에게 기쁨을 선사한다. 오징어 채낚기(미끼 없이 잡는 방식) 선주는 선원들이 잡아온 오징어를 팔아 수입을 얻는다. 선원들은 채낚기 결과물의 일정 몫을 선주에게 주고 남는 오징어를 팔아 벌이를 한다.

과거에는 선주도, 선원도 아닌 사람들은 소위 오징어를 건조해 생계를 꾸렸다. 생물 오징어를 사서 일주일 정도 건조했다가 몇 달 저장한 뒤 생물보다 3~4배 높은 가격으로 상인들에게 판다. 오징어를 살 자금을 마련하는 것이 중요한데 이는 아버지 몫이었다.

어선이 잡아온 오징어를 어판장에서 구매한다. 가정에서 오징어를 건조하면 통상 다섯 발, 오징어 1만 마리를 산다. 오징어를 헤아리는 단위가 독특하다. 한 축(생물)은 20마리, 한 발은 100축을 말한다.

사람을 사서 오징어 배를 가르고 내장을 손질하며 바닷물을 퍼 올려 씻어낸다. 손질한 오징어를 리어카에 가득 실어 몇 차례 집으로 옮긴다. 무겁기 때문에 학동들이 동원된다. 집 앞마당에 는 오징어 건조를 위한 막대기를 여러 열로 꽂아놓은 뒤 막대기 중간에 새끼줄을 쳐둬야 한다. 이는 할아버지 몫이다.

오징어가 마당에 도착하면 온 식구가 달라붙어 오징어를 새끼 줄에 건다. 오전 한나절 남짓 하면 1만 마리를 모두 건다. 오징 어의 물이 빠지면 다리를 벌린 상태로 건조시키기 위해 작은 막 대기를 끼워준다.

하루가 지나면 바람에 오징어 물기가 마른다. 온 식구가 붙어 서 오징어 모양을 만들어 준다. 이 작업은 아이들이 학교에서 돌 아오는 밤에 주로 한다. 오징어 머리 쪽에 발의 뒤축을 대고 힘 을 준 다음 오징어 몸통의 양 끝을 잡고 당긴다. 그러면 삼각형 오징어 모양이 보기 좋게 만들어진다. 모양을 잡은 오징어를 다 시 줄에다 건다. 이렇게 이틀 정도 볕에 말리면 오징어는 상품이

▸ 동해안 오징어 건조

▸ 동해안 오징어 건조

될 정도로 마른다.

이제는 오징어를 거둬 20마리씩 축을 만든다. 18마리를 귀를 맞대어 차곡차곡 쌓은 뒤 크고 모양 좋은 놈을 축의 위아래에 둔다. 오징어의 다리는 열 개인데 그중에 양쪽 두 개의 다리가 길다. 이 다리를 몸통으로 돌리면서 축을 짓게 된다. 이렇게 축이 된 오징어는 집의 구석진 곳에 쌓아 보관한다. 추운 겨울을 지낸 오징어는 시간이 지나면서 하얀 분이 핀다. 최상품의 건조 오징어가 만들어진다. 당시 오징어는 학생들의 도시락 반찬으로 애용됐다. 문어의 다리는 여덟 개이지만, 오징어 다리는 열 개다. 오징어 다리가 아홉 개밖에 없었다면 건조 과정에서 다리 하나가 자녀들의 도시락 반찬에 슬쩍 사용되었으리라.

동해안 어촌의 오징어 건조는 농촌의 소 키우기와 마찬가지로 가족 모두의 정성이 들어가는 협업의 하나였다. 밤을 새우며 오징어 손질을 할 때는 어른들이 재미있는 얘기를 들려주면서 아이들의 잠을 깨웠다. 협업으로 이루어지는 오징어 건조 과정을 거치면서 가족들 간 사랑과 우애는 더 깊어갔다. (2019.2.1.)

10
인도양 한복판에서 영어 '열공'

1982년 첫 배를 탔는데 사우디아라비아의 얀부와 라스타누라를 왕복하는 배였다. 고국 소식이 너무도 궁금하던 차에 외국 방송 듣는 법을 알게 됐다. 통신국장이 나를 부르더니 통신실에서 단파방송을 들려줬다. 잡음 탓에 깨끗하지는 않았지만 '미국의 소리(VOA)' 방송이었다. 영어 방송도, 우리말 방송도 있었다. 미국에서 내보내는 방송이 인도양에서도 들리다니. 국장은 "단파에 목소리를 실으면 전리층에서 반사가 반복돼 멀리서도 들린다"고 원리를 설명했다.

이후 나는 아예 카세트 기능이 있는 단파용 라디오를 사서 소중한 애인처럼 항해 때마다 가지고 다녔다. VOA 방송의 영어 뉴스를 녹음해 내용을 받아썼다. 그런 다음 반복해 들었다. 몰랐던 단어를 찾아 익히길 반복했다. 당직을 마치고 쉬는 시간의 대부분을 여기에 투자했다. 뉴스에 사용되는 단어는 되풀이되는 특징이 있었다.

2년 정도 되니 영어 방송을 거의 알아들을 수 있는 정도가 됐다. 뉴스를 요약해 선원실에 붙여서 선내 소식지를 만들기도 했다. 1983년 9월 1일 발생한 대한항공 007편 격추사건도 단파방송으로 내가 가장 먼저 듣고 선원들에게 알려줬다. 새 소식을 전해주는 3등 항해사인 나의 인기가 많이 올라갔다.

영어에 자신이 붙은 나는 미국에 상륙하면 중고서점에서 쉬운 영어책을 몇 권씩 구입했다. 승선하는 12개월 동안 당직 후 영어책 6, 7권을 읽고 하선했다. 이 중에는 '제3의 물결' '뿌리' '존 F. 케네디 대통령 자서전' 등이 있었다. 책을 사면 즉시 첫 장에 구입한 곳, 날짜를 꼭 적어뒀다. 그 기록이 언제, 어디를 다녀왔는지 젊은 시절로 나를 데려간다. 당시는 외국에 나가는 것이 쉽지 않아 귀국할 때 선물과 진귀한 것을 사다 날랐는데 지금 곁에 남은 것은 60권 정도의 영어책뿐이다.

가장 기억에 남는 것은 윈스턴 처칠의 '영어권 민족사' 전집 네 권을 모두 모은 것이다. 1989년 미국 찰스턴 중고서점에 갔는데 제4권이 있어서 아주 싸게 얼른 샀다. 이듬해 캐나다 밴쿠버에서 제1, 2권을 구입했다. 제3권이 없었다. 책방 주인은 자기로서는 방법이 없다고 했다. 나는 이 항구 저 항구 들를 때마다 제3권을 찾으려고 중고서점을 다녔다. 번번이 실패해 포기하려던 찰나, 1992년 호주 시드니에서 그 책을 찾았다.

이렇게 모은 영어책 60여 권의 첫 장을 열면 모르는 영어 단어를 적은 종이 한 장이 나온다. 간단한 독후감도 적혀 있다. 망망대해를 항해하면서도 게으름피우지 않고 열심

▶ 윈스턴 처칠의 책

히 했구나, 싶은 생각이 들었다.

이런 취미는 교수가 된 다음에도 계속되었는데, 외국에 나갔다 돌아올 때 책 두 권을 꼭 사온다. 다만 항해할 때와 차이가 있다면, 교수가 된 지금 구입한 책은 완독하지 못하고 책꽂이에 꽂혀 있다는 점이다. 방학 때 읽자고 각오를 다지지만 언제나 다시 다음 방학을 기다리게 된다. 공부도 때가 있다는데. 20대, 그리고 승선 생활 때만큼 좋은 시기도 없는 것 같다. (2019.2.15.)

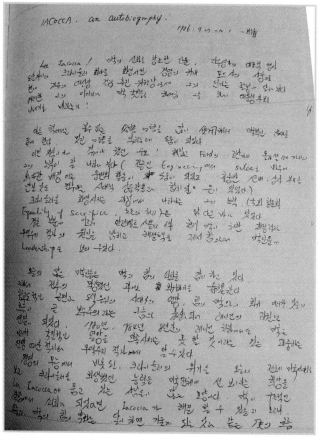

▸ 아이아코카의 자서전을 읽고 독후감

11

위험한 바다에서는 조심 또 조심해야*

태풍이 불면 배는 늘 뒤쪽에서 바람을 받으며 항해해야 한다. 1980년대 후반 미국에서 한국으로 항해할 때의 일이다. 북태평양 인근에서 시계 방향으로 거센 태풍이 불었다. 우리 배도 태풍을 뒤에서 받으며 뱃머리를 한국 방향에서 북쪽으로, 미국 쪽으로, 다시 한국 쪽으로 돌려가며 항해해야 했다. 태풍이 불면 동시에 긴 파도가 치는데, 파도와 파도 사이의 간격이 200m쯤 된다. 그 사이에 뱃머리를 180도 돌려 배의 자세를 바꿔야 하는데 덩치 큰 배의 자세를 바꾸기란 여간 힘든 일이 아니다. 나는 초시계를 가지고 파도의 주기를 살폈다. 주기가 상당히 길어졌고 파고도 많이 낮아졌다. 선장에게 "이제 배를 다시 돌려도 되겠다"라고 보고했다. 선교에 올라온 선장은 바다를 살피더니 "3등 항해사 괜찮겠나. 그러면 한번 돌려봐"라고 허락했다. 큰 파도가 지나간 즉시 "조타기 왼쪽으로 완전히 돌려"라고 조타수에게 명령했다. 숨을 죽이고 뱃머리가 돌아가는 것을 지켜봤다. 생각보다 느리

---

* 원제목은 "플랜 C를 준비하라"였다.

다. 멀리 왼쪽에서 다시 큰 파도가 밀려오고 있다. 선장은 다급히 "조타기 다시 오른쪽으로"라고 명령을 내렸다. 큰 파도를 맞아 배가 전복될 뻔한 것이다. 선장은 "아직 파도 읽는 것이 서투른데 경험이 더 쌓이면 나아질 것"이라고 충고했다.

2등 항해사로서 미국 북서부에서 중국으로 원목을 수송할 때였다. 원목을 내려주면 원목 껍질이 화물선창에 산처럼 쌓인다. 삽 한 자루로 이를 치워야 했는데 모든 선원이 투입됐다. 일본에서 철재를 실으려면 선창을 깨끗하게 해둬야 한다. 일본 입항까지는 여유가 이틀밖에 없다. 밤을 새워가며 껍질을 치우고 다시 항해당직을 올라가게 됐다. 손이 부족해 당직 타수도 일을 하러 보냈다. 선교에서 선장과 내가 원목 껍질 치우는 일을 지켜보고 있었다. 선창 안에 있는 껍질을 담은 포대를 크레인으로 걸어서 갑판 위로 올린다. 껍질은 버리고 포대는 회수해야 하므로 포대를 뱃전에 걸어두어야 했다. 갑판수가 이 일을 담당하고 있었다. 그는 선박의 오른쪽 난간 위에 올라가 있었다. 난간 아래에 있어야 안전한데. 앗! 순간 배의 움직임에 그는 균형을 잃고 바다로 떨어졌다. 놀란 선장이 "배를 오른쪽으로 돌려라"라고 명령했다. 불행히도 오른쪽에 상선 한 척이 내려오고 있었다. 나는 "오른쪽으로 돌리면 상선과 충돌한다"고 보고하고 배를 바로 돌리지 못하였다. 상선이 지나간 다음 배를 돌렸지만 갑판수는 이미 보이지 않았다. 선장의 경륜을 믿고 바로 배를 돌렸으면 그를 구할 수 있었을까.

1등 항해사로서 세 번째 담당한 선박은 선장이 되기 직전의 배였다. 그때 선장이 나를 불렀다. "선장이 되면 항상 1, 2, 3 순서로 문제 해결 방안을 머릿속에 준비해야 한다." 배는 좁은 공간을 벗어나면 바로 위험천만의 바다로 나간다. 항상 위험이 도

사리고 있으니 첫 번째 방안이 통하지 않으면 두 번째, 세 번째 방안을 준비해 두고 활용하라는 것이다. 이런 자세는 바다의 선장에게만 필요한 것이 아니라 육지의 책임자들에게도 필요한 것이리라. 예측불허의 거친 바다에선 플랜 B를 넘어 플랜 C까지 준비해야 한다. 바다를 항해하면서 체득한 선배 선장들의 경륜과 지혜다. (2019.3.1.)

12
선상의 탁구 결투

상선은 국적선과 송출선으로 나뉜다. 국적선은 한국 선주가 운항하는 선박이라 한국 항구를 모항(母港)으로 하므로 매달 한 번은 우리나라에 기항한다. 송출선은 외국 선주가 운항하는 선박이라 한국에 기항하지 않는 것이 보통이다. 1980년 후반에는 당시 승선계약에 따라 최소 10개월은 승선해야 휴가를 올 수 있었다. 그 기간을 어찌 바다 위에서 보낼 것인가. 몇 년 승선생활을 하다 보면 선원들은 각자 시간을 보내는 방법을 체득한다. 하루 당직 8시간, 잠자는 8시간을 빼면 8시간이 남는다. 배는 좁고 육지에서처럼 외출을 할 수도 없으니 답답하다. 나는 TV 연속극을 담은 비디오를 보거나 신동아 같은 월간지를 보며 무료함을 달래곤 했다. 건강한 신체를 유지하기 위하여 운동을 열심히 하는 선원도 많았다.

배에서 할 수 있는 운동으로 역기, 탁구, 골프 연습 등이 있었다. 골프와 역기는 혼자만의 운동이라서 다소 심심하다. 당시 배

위에서 가장 인기 있는 운동은 탁구였다. 여러 명이 같이 할 수 있고, 몇 시간이고 즐길 수 있다. 나는 매일 점심을 먹고 1, 2시간씩 동료들과 탁구를 쳤다. 단식도 있고 복식도 있었다. 내기를 해 맥주를 나눠 마시기도 했다. 배에서 마시는 맥주는 면세품이라 아주 저렴했다. 나는 탁구를 제법 잘 치는 편이어서 여기저기 많이 불려 다녔다. 배에서는 누가 실력자인지 금방 알려지고 이내 인기를 끈다. 신참이 승선하면 그 사람이 탁구를 얼마나 잘 치는지가 선원들의 관심사였다.

외국 항구에서는 정박 중인 다른 선박과의 대결도 벌어진다. 일본의 어떤 항구에서 있었던 일이다. 항해 중 우연히 전화통화를 하면서 알게 된 한 선박의 1등 항해사가 탁구경기를 제안했다. 자기 배에는 실력이 수준급인 사람이 여럿 있다는 것이다. 나도 우리 배에 선수들이 많다고 큰소리쳤다. 결국 경기가 성사됐는데 막상 나와 함께 갈 선원들이 없어 혼자 적진으로 들어가게 됐다. 나를 초대한 그 항해사는 "우선 우리 배의 6등 실력자와 게임을 해보라"고 했다. 자존심이 좀 상했지만 경기에서 이겼고 5등, 4등, 3등도 차례로 무너뜨렸다. 경기 내내 상대방 선원들의 응원 소리가 시끌벅적했다. 나는 결코 그 일방적인 응원소리에 기가 죽지 않았다. 다음 상대는 마침내 그 1등 항해사였다. 두 선박의 1등 항해사끼리의 대결이었다. 그는 돌연 "다음에 하자"며 경기를 접었고 게임은 그렇게 나의 승리로 끝났다.

승자에 대한 예우도 톡톡히 받았다. 그 선박은 알래스카에서 잡은 연어를 운반하는 어획물 운반선이었는데 연어를 몇 마리 나에게 줬다. 우리 배로 복귀한 나는 선원들과 함께 떠들썩한 연어 파티를 벌였다. 이웃 선박의 제안으로 시작된 탁구경기 스토리를 들은 우리 선원들은 박수를 치며 나를 치켜세웠다. 선원들이 그 이후 나를 더 잘 따르게 된 배경에는 탁구의 영향도 분명 있었을 것이다. 사람들은 내가 몸놀림이 빠르고 경쾌하다고 한다. 이는 배에서 10년 동안 친 탁구 덕분이다. 선상에서 즐긴 탁구는 이렇듯 나로 하여금 리더십을 세울 수 있는 계기를 마련해주고 장차 육지에서 수십 년을 살아갈 체력도 길러준 취미생활이었다. (2019.3.15.)

13

태양을 잡다 안경잡이가 되다

원양상선이 부산항을 출항해 미국 서부에 닿기까지는 약 보름이 필요하다. 항해 중 선교 당직은 1등, 2등, 3등 항해사와 당직 타수 3명이 세 팀을 이뤄 한 번에 4시간씩 2교대로 이루어진다. 선박이 정한 항로를 따라 잘 항해하는지 확인하고, 접근하는 다른 선박과의 충돌을 피하는 것이 당직의 목적이다. 당직마다 하루의 시간이 다르고 특별한 업무가 주어졌는데, 내게는 색다른 추억을 줬다.

▶ 선교(船橋)에서 견시(見視)

오후 8시부터 자정까지의 근무시간에 3등 항해사는 선내 시간을 변경하는 일을 한다. 한국에서 미국으로 갈 때에는 시간을 하루에 30분씩 당겨야 한다. 오후 8시를 8시 30분으로 하는 것이다. 나는 당직시간이 4시간에서 3시간 30분으로 줄어드는 점을 좋아라 했다. 하루가 24시간이 아니라 23시간

30분이 된다. 물론 미국에서 한국으로 돌아올 때는 반대다. 마스터 시계를 돌리면, 선내 시계는 모두 이에 맞추어 변경된다.

초저녁잠이 많아 이 근무시간대가 힘들었는데, 당직타수들의 입담은 큰 도움이 됐다. 연배가 많은 이들은 인천상륙작전, 베트남전 참전 무용담을 들려줬다. 이야기 밑천이 떨어져 같은 말을 반복해도 처음 듣는 듯 모른 척 넘어가 주기도 했다.

오전 4시부터 오전 8시까지의 1등 항해사 당직시간은 드라마틱하게 흘러간다. 온 천지가 밝아지는 여명의 아름다움을 즐길 틈도 없이 선교에는 긴장감이 감돈다. 선교 밖으로 통하는 문이 열리고, 초시계와 섹스턴트(육분의)가 준비된다. 1등 항해사는 하늘의 별자리를 확인해야 한다. 배의 위치를 구하는 중차대한 임무다. 대양 항해 중의 레이더는 반사파를 날려줄 물표가 없어 부용지물이다. 별자리를 이용해 위치를 구한다. 수평선과 별이 보이는 소위 박명의 시간은 오전 6시 언저리에 10분 정도밖에 없다. 육분의와 초시계를 들고 부지런히 선교 안팎을 넘나들며 5개 별자리의 고도를 구하고 계산을 마친다. 현재의 위치가 나오면, 나는 안도의 숨을 쉬었다. 1990년대 초만 해도 별로 위치를 구하는 방법이 대양에서는 최선이었다. 항해술의 결정판이라고 불릴 만큼 고도의 숙련을 요했다. 정확한 선박 위치를 구하면 선장과 선원으로부터 인정과 존경을 받았다. 별자리를 통해 구한 위치와 실제 위치 사이의 거리 차(2마일 이내가 유효)를 알고 있어야 하는데, 나는 0.5마일로 우수한 편이었다.

오전 8시부터 낮 12시까지는 3등 항해사의 당직시간이다. 아직 경험이 일천하기에 선장이 선교에 올라와 직접 교육시킨다. 30분마다 태양을 잡아 위치를 구하는 훈련을 받았다. 선장이 0900, 0915, 0930, 0945, 1000 등 15분마다 태양을 잡아 정시에 위치를 구하라고 불호령을 내렸다. 태양을 끌어다가 섹스턴트에 나타나는 수평선 위에 두어야 한다. 너무 밝은 태양을 많이 봐 하선할 무렵 시력이 나빠졌고, 나는 안경잡이가 됐다. 몸을 사리 지 않고 열심히 일한 훈장인 셈이다.

10년 내에 무인선박이 도래한다고 한다. 이렇게 되면 선교에 서 행했던 항해술의 발휘, 항해사와 타수들 사이의 애환과 훈훈 한 인정의 주고받음이 없어질 것이다. 젊은 시절 바다에서의 추 억이 더 소중하게 느껴지는 이유다. (2019.3.29.)

▸ 섹스턴트(六分儀)

14

선거운동에 쓰인 조부의 어선

나의 할아버지는 일본으로 건너가 20년 동안 일군 운수입을 정리하고 1945년 귀국길에 올랐다. 현금을 갖고 귀국하지 못하니 어선을 한 척 사 왔다. 그러고는 본가에서 10리 떨어진 축산항에서 수산업을 시작했고, 성공해 대형 어선 3척(삼화호, 삼중호, 삼광호)을 거느린 선주가 됐다. 이 어선들은 20년 동안 큰 역할을 했다. 우리 집 어선들은 본래 목적인 고기잡이에만 동원된 것이 아니라 다양한 용도로 활용됐다.

6·25전쟁이 터지자 경북 영덕도 안전하지 못했다. 할아버지와 아버지는 우리 가족과 선원들의 가족을 모두 태우고 울산 방어진으로 피란을 갔다. 그리고 다시 부산 영도로 내려갔다. 방어진과 부산에서 고기잡이를 계속했다. 어선은 피란의 도구로서도 효용이 높았다. 육로로 가는 피란길은 사람도 힘이 들뿐더러 북한 인민군에게 잡힐 우려도 컸지만, 바다를 통한 피란은 편하고 무엇보다 안전했다.

피란 중에는 통상 먹고살기가 그렇게 어려웠다고 하는데, 우

▸ 조부 김용한 선생

리 집은 어선이 있었으니 고기를 잡아 생계가 됐다. 내가 부산에 있는 한국해양대 입시 시험을 보러 가서 영도에서 며칠을 묵게 되었는데, 할아버지는 근처를 소상히 잘 알았다. 의아했다. 모두 피란 시절 영도에 거주한 경험 덕분임을 나중에 알게 됐다.

1952년 전선이 안정돼 축산항으로 복귀한 뒤 선출직 선거에 나선 할아버지는 어선 3척의 덕을 톡톡히 봤다. 사촌형의 어선까지 모두 5척을 동원해 영덕 해변가의 유권자들을 공략했다는 것이다. 당시는 막걸리 선거여서 술도가에서 막 나온 막걸리를 배에다 싣고 어촌 동네마다 들러 유세를 하고 유권자들에게 막걸리를 대접했다고 한다. 선박으로 가볍게 이동하면서 물량도 한꺼번에 많이 실어 나를 수 있었으니 선거운동 수단으로 어선보다 좋은 것은 없었을 것이다. 덕분에 당선이 됐다.

또 어선은 아랫대에게도 자부심과 긍지를 심어주었다. 특히 해상법을 전공하는 손자인 나에게 큰 도움이 됐다. 해상법은 선박이 연구의 대상이다. 나는 태어나면서부터 어선을 경험했으니 친숙하고 항상 자신감이 묻어난다.

해운업계에서 존경하는 선배 사장님이 있다. 우리나라에서 역사가 가장 오랜 상선회사를 운영하고 있다. 선배의 아버지도 1945년 광복 전 일본에서 귀국하면서 시모노세키에서 작은 상선을 사와 고향 남해에서 연안운송을 시작했고 이것이 모태가 돼 선박회사를 세웠다는 것이다. 내가 조부 얘기를 꺼냈더니 선배는 반색을 하며 좋아했다. 그날로 그 선배와 나는 형제처럼 가깝게 지내게 됐다. 할아버지의 어선은 그 선배가 나에 대해 동류의식을 느끼게 하는 좋은 수단으로 작용했다.

선대에서 25년 동안 가업으로 영위했던 수산업을 위한 어선들은 나름대로 역할을 다했고, 주인이었던 할아버지와 아버지는 돌아가셨다. 1950년대에 찍은 삼광호 사진 한 장이 손자인 나의 수중에 남아 있을 뿐이다. 세월의 흐름에 따라 선대의 가업이 수산업이었다는 사실, 그리고 어선에 얽힌 재미있는 이야기도 모두 잊혀 갈 것이다. 그렇지만 문자로 남기는 글은 영원하니 그나마 다행이 아닐 수 없다. (2019.4.19.)

▸ 우리 집 어선 삼광호(1954년)

15

롤링과 피칭

롤링과 피칭, 이 단어들을 빼놓고는 승선생활을 말할 수 없다.

태풍이 지나가면서 만드는 파도의 길이는 300m 정도. 파도가 높은 정점에 이르렀다가 다시 정점이 찾아오는데 그 두 지점의 길이가 파도의 길이, 즉 파장이다. 이 같은 파장 속에서 내가 승선한 길이 150m의 선박도 마치 종이배와 같은 운명이었다. 파도가 저점을 향해 움직이면 우리 배도 낭떠러지로 사정없이 떨어지듯 곤두박질쳤다. '얼마나 더 떨어질까. 더 이상 배가 위로 올라올 힘이 없나 보다. 두렵다. 차가운 바다로 빠지는 걸까. 죽었구나.' 만감이 교차하는 순간, 배는 위로 솟아오르는 파도의 힘에 편승해 서서히 올라왔다. 조금씩 올라오는 뱃머리를 보며 '살았구나' 하는 안도의 숨을 내쉬었다. 그것도 잠시, 다시 뱃머리는 바다의 심연을 향했다. 죽었구나 싶지만, 다시 뱃머리는 하늘을 향했다. 이러한 동작들의 반복을 전문용어로 '피칭(pitching)'이라 한다. 뱃사람들은 선박이 용왕님에게 절을 한다고 표현한다.

이에 반해 선박의 횡 방향, 즉 옆에서 파도를 맞이할 때 나타나는 선박의 좌우 움직임을 '롤링(rolling)'이라고 한다. 오른쪽, 3시 방향에서 파도를 맞게 되면 선박이 왼쪽으로 넘어지는 힘이 작용해 선박은 좌로 움직인다. 선박은 복원력이라는 것이 있어서 넘어지지 않고 제자리로 돌아오는 힘이 작용하니 다시 오른쪽으로 돌아오게 된다. 파도가 낮을 때에는 5도 정도의 좌우 흔들림이 있게 된다. 이 정도는 선박생활에 아무런 영향을 미치지 않는다. 잠도 잘 잘 수 있다. 10도에서 20도 정도의 롤링은 소화제다. 물론 일반인은 뱃멀미를 한다.

태풍이 접근해 파도가 높아지고 횡파를 맞게 되면 선박의 롤링 각도는 점차 커지게 된다. 15도, 20도, 30도에까지 이른다. 침실에 있는 각종 책이나 물건들이 한쪽으로 쏟아진다. 내가 경험한 최고 롤링 각도는 40도다. 침실에 누워 있던 몸이 침대 밖으로 나가떨어질 정도다. 이런 대각도 롤링은 위험하기에 선장은 선박의 선수를 돌려 횡파를 맞지 않게끔 노력한다. 그럼에도 예측불허의 대형 횡파를 맞아 큰 롤링을 경험하게 된다. 50도 정도까지 기울어지면 선박의 뱃전으로 파도가 들어와 침몰 위험에 빠진다.

이렇듯 롤링과 피칭은 선원들에게는 생명을 위협하는 공포의 단어다. 그런데 한편으로는 롤링이 있다는 것은 선박이 복원력이 있다는 의미이기도 하다. 복원력이 없다면 선박은 한쪽으로 밀린 경우 다시 중앙 제자리로 돌아오지 못한다. 선박의 무게중심보다 아래쪽에 무게를 둠으로써 복원력을 확보할 수 있다. 피칭이 있다는 것은 선박이 파도를 잘 타고 있다는 의미다. 선박의 길이가 300m이고 파도가 길이가 300m라 치자. 선박의 선수와 선미에 파도의 높은 정점에 걸리게 되면 선박의 중앙은 중력이 작용해서 아래로 내려누르는 힘이 작용하고, 선박의 선수와 선미는 선박을

올리려는 힘이 작용하니, 선박의 중앙 허리가 잘라지는 힘이 작
용할 수 있다. 선박 건조술의 발달로 중앙 허리의 철판을 보강해
이런 위험이 없도록 하고 있다. 나는 롤링과 피칭이라는 바다의
현상에 순응하면서 점차 강한 뱃사람이 되어 갔다. (2019.5.10.)

16

선장 식탁에는 여왕도 못 앉는다

　망망대해를 지루하게 가야 하는 원양 항해. 이 여정에서 항해의 즐거움을 좌우하는 게 조리장의 손맛이다. 야무진 손맛의 요리장은 선원들을 파라다이스로 이끄는 등대지만 반대의 경우는 '지옥'으로 이끈다. 음식이 맛있으면 웬만한 불편함은 잊고 지낸다. 하지만 시원찮으면 분위기가 흉흉해진다. 이럴 때면 선내 소란이 예상되므로, 선장은 금주령을 내린다.

　선원은 크게 갑판부, 기관부, 사주부로 나뉜다. 음식을 책임지는 사주부는 조리장과 요리사, 사환(심부름을 하는 사람) 등으로 구성된다. 1980년대 초반 내가 탄 배의 선원은 30명 정도였는데, 사환이 2명 있었다. 사환 중 '사롱 보이'는 선장만을 보필했고 '메사롱 보이'는 기관장, 1등 항해사 등 사관을 돌봤다. 이들은 식사시간에 맞춰 기상 콜을 해주고 식사를 차려줬다. 선원이 줄면서 이들도 사라졌다.

　1940년대 후반 영부인 프란체스카 여사가 정부가 도입한 원양 상선에 탔다. 영부인에게 해군참모총장이 선장이 앉는 식탁의 자리에 앉기를 권했다. 그러자 영부인은 "선박에서 선장은 최고직이고 그의 자리는 영국 여왕도 앉지 않는다. 예절에 어긋난다"고 말하며 옆자리에 앉았다고 한다. 이때부터 선박회사 사장이 승선해도 선장 자리에는 앉지 않는 전통이 생겨나 지금까지 이어지고 있다.

부식을 잘 갖추는 것은 선장의 주요 업무다. 부식비가 한정돼 있으니 저렴한 곳에서 식재료를 실어야 한다. 미국을 오갈 때는 국내에서 채소와 라면, 소주, 적도제(배가 적도를 통과할 때 안전한 항해를 비는 제사)에 사용할 돼지머리 등을 실었다. 쌀, 고기 및 오렌지는 미국 서부에서 구입했다.

일주일에 한 번씩 나오는 소금구이는 가장 기다려지는 메뉴였다. 미국산 쇠고기에서 기름기가 양옆으로 살짝 붙은 부분을 아주 얇게 썰어낸다. 이를 구워서 소금을 쳐서 먹었다. 면세 맥주와 소금구이를 먹는 날에는 1시간이면 끝날 저녁 시간이 2, 3시간으로 연장된다.

정박 중 깨끗한 물을 공급받는 것도 선장의 주요 업무다. 이때 받은 물은 식수와 목욕 등에 사용한다. 화물을 실을 공간이 필요하므로 물을 많이 싣지 못한다. 외항에서 정박이 길어지면 식수가 떨어져 절수 명령이 내려진다. 마실 물이 떨어져 가면 선장은 애간장이 탄다. 비가 내리면 천막을 펴서 빗물을 받아 목욕물로 썼다.

선원 전부가 한꺼번에 식사할 수는 없다. 식사 중에도 배는 항해해야 하므로 선교에는 충돌 방지를 위한 인력이 있어야 한다. 2등 항해사는 0시부터 오전 4시까지 당직 시간인데, 1시경 같이 당직을 서는 조타수가 된장찌개를 끓여 와 간단히 먹는다. 아침시간은 취침 중이라 먹지 못한다. 저녁 식사시간 선교에는 1

등 항해사가 당직을 서고 있기에 3등 항해사가 잠시 교대해준다. 1등 항해사가 빨리 식사하고 오기를 3등 항해사는 학수고대한다.

1980, 90년대에는 한국 국적 선원만 승선해 우리 음식만 제공하면 됐다. 이제는 외국인 선원이 많아 다양한 입맛을 맞춰야 한다. 식사시간에 대한 선장의 고민이 깊어지고 있다. (2019.5.31.)

17

앵 커

선박에 부속하는 물건 중 닻만큼 신기한 기능을 가진 것도 없다. 무게는 10t 남짓. 이것이 바다에 놓이면 10만t 배도 제자리에 선다. 닻을 놓으면 닻을 축으로, 닻줄을 반경으로 선박이 조류와 바람에 따라 회전한다. 닻은 갈고리처럼 생긴 날개를 가진다. 이 날개가 바닷속 펄에 박히면 큰 힘이 발생한다.

닻과 관련된 한 일화가 교훈처럼 내려온다. 청명한 날씨인데 위치를 보니 이상하게 배가 얼마 전진하지 못했다. 기관 선체에 문제가 있는지, 선창에 물이 들어왔는지 확인시켰지만 아무 이상이 없었다. 또 하루를 더 항해했다. 다음 날 '아차' 싶어 선수에 나가 보라고 했더니 닻이 풀려 있었다. 닻의 정지 장치가 풀려서 길이 200m의 닻줄과 함께 바다에 내려가 있었다. 선장은 회사에 물어보지도 않고 닻을 용접으로 잘랐다. 사후 보고를 하자 회사에서 난리가 났다. 배에는 모든 것이 2개 비치돼 있다. 1개의 닻이 없어도 다른 쪽 닻을 사용하면 된다. 선장은 이렇게 간단하게 생각했다. 그렇지만 닻은 법정 비품이라 2개를 달지 않고는 출항

할 수 없다. 닻을 달기 위해 조선소에 들어가 일주일을 보냈고 그만큼 영업 손실이 났다. 선장은 하선 조치를 당하고 징계를 받았다.

현장의 선장은 어떻게 처리했어야 할까. 선박을 수심이 100m 정도 되는 곳으로 이동시키면 닻이 육지에 닿게 되고, 닻의 힘이 약해져서 선박의 유압장치로 끌어올릴 수 있다. 한바다에서는 10t짜리 닻과 200m 닻줄을 선박의 유압장치로 끌어올릴 수 없다. 선장 시절, 선배로부터 이런 교훈을 들었다.

몇 년 후, 미국 컬럼비아강의 롱뷰에서 곡물을 실을 때였다. 곡물을 넣어주는 장비의 위치가 고정돼 있어 우리 배를 이동시켜야만 했다. 하루에도 몇 번씩 배를 잡는 밧줄을 풀어주고 감아주며 배를 옮겼다. 컬럼비아강에서 내려오는 강물의 유속이 빨랐다. 부두와 1~2m 간격을 둔 채 배를 앞뒤로 이동해야 하는데, 어느 순간 5m, 10m로 간격이 벌어졌다. 선수와 선미의 유압장치로 밧줄을 감았지만 소용이 없었다. 배는 점차 부두와 멀어졌다. 총책임자였던 나는 당황했다. 밧줄은 끊어지기 시작했고 선수에 있는 밧줄 하나만이 육지와 연결돼 있었다. 배는 강의 한복판으로 나가 좌초될 위기에 처했다. 이때 경험 많은 갑판장이 화급하게 "초사님, 닻을 놓읍시다. 닻을 놓자고요" 하고 말했다. 나는 정신을 차려 "렛 고, 앵커"를 명했다. 브레이크 밴드를 풀자 '와르르' 하며 닻이 내려갔다. 기적같이 우리 배는 그 자리에 바로 섰다. 부두에서 이 광경을 보던 하역 인부들이 환호성을 질렀다.

닻의 영어이름은 '앵커'다. 이렇게 중요한 기능을 하다 보니 TV 방송에서 뉴스 진행자를 앵커라 부른다. 앵커는 뉴스를 전달하고, 현장 기자와 전문가를 부르고, 중요도에 따라 방송 순서를 정하기도 한다. 앵커를 중심으로 뉴스가 진행된다. 전국의 시청자들이 그를 통해 뉴스를 전달받는다. 시청자들은 대형 선박에 해당하고, 뉴스 진행자는 닻의 역할을 하는 것으로 비유될 수 있다. 이렇듯 선박의 앵커는 선박과 화물의 안전에 중요한 기능을 하고, 방송에서의 앵커는 국민의 알 권리를 보장하는 중요한 기능을 하는 소중한 존재다. (2019.6.21.)

▸ 선박의 외부에 있는 닻의 일부

18
선상 위의 어처구니

그 이유를 모르겠다. 배를 오래 타다 보면 바보가 되는가 보다. 1980년대 필자가 승선하던 시절, 바다 위이기 때문에 이해될 수 있는 실수가 드물기는 하지만 일어났다.

하루는 갑판수(목수)에게 행사에 쓸 12인용 상을 만들어 달라고 했다. 작업장에 가보니 열심히 제작 중이어서 마음 놓고 있었다. 그런데 다음 날 전화로 낭패가 났다고 전해왔다. 1등 항해사가 와서 도와주어야 할 정도의 사안이라고도 했다. 다시 작업장에 가보니 웬걸, 상을 너무 크게 만들어 문 밖으로 들어낼 수가 없었다. 다 만들고 나서 갖고 나올 생각은 못 한 것이다. 배의 모든 공간은 철판으로 둘러싸여 있고 출입구는 작게 만들어져 있다. 상은 그날 저녁에 사용해야 했다. 나는 두 동강으로 잘라 밖으로 끄집어낸 뒤 다시 합치라고 했다. 베테랑 갑판수의 실수는 지금도 의아하다.

나도 어처구니없는 일을 저질렀다. 하루는 선내에 벌레가 많아 분무기로 소독을 하라고 지시했다. 며칠 후 사주장(조리장)이 찾아왔다. 밥을 했는데 기름 냄새가 난다는 것이었다. 알고 보니 쌀 창고도 소독을 했는데 소독약의 기름기가 포대 안으로 스며들어 냄새가 났다. 20여 포대 모두가 영향을 받았다. 다 버릴 수 없어서 영향을 작게 받은 것은 밥을 지어 먹었다. 끼니때마다 사람들이 냄새가 난다고 했다. 쥐구멍이라도 찾고 싶었다.

그 밖에 선상에서 겪은 일화는 많다. 하루는 선장이 전보 메시지를 하나 받았다. "Dear Captain, Is COW available in your vessel(선장님, 선박에서 COW가 가능한가요)?" 선장은 'COW'를 소라고 이해하고, 소를 실을 수 있는 장비는 없다고 답했다. 회사에서는 다시 알기 쉽게 "Crude Oil Washing(원유 운반선에서 원유로 선창을 청소하는 방법)이 가능한가요?" 하고 물었다. 선장은 이때에서야 가능하다고 답했지만, 낯이 뜨거워졌다. 새로운 기술이 도입되었는데 원유선에서 세정하는 방법을 몰랐던 선장의 무지 때문에 벌어진 촌극이다.

파나마 운하의 존재를 고려하지 않아 만나는 낭패도 있었다. 선박은 허용 흘수(배가 물에 잠기는 깊이)까지 짐을 실을 수 있다. 선장은 운임을 더 많이 받으려고 최대한 많은 짐을 싣고자 한다. 그러면 흘수가 깊어진다. 초심자가 흔히 저지르는 실수가 우리나라에서 미국 동부로 갈 때 파나마 운하 통과를 고려하지 않고 짐을 너무 많이 실어버리는 것이다. 파나마 운하는 해수가 아니라 담수다. 바다에서는 몸이 쉽게 떠있지만 강에서는 몸이 가라앉는 것과 같이 선박이 파나마 운하로 들어오면 15cm 정도 더 가라앉게 된다. 부산항을 출항할 때 허용 흘수 9m로 짐을 싣고 떠난 선박은 파나마 운하에서는 9m 15cm까지 가라앉게 되는데, 만약 파나마 운하의 허용 흘수가 9m라면 좌초 사고가 나게 된다.

이를 뒤늦게 알게 된 선장은 부랴부랴 짐을 내려 배를 가볍게 하려고 난리를 치게 된다. 짐을 내리는 데에는 시간과 비용이 들어간다. 회사는 큰 손해를 보게 된다. 짐을 실을 때 이를 고려해 흘수에 15cm의 여유를 두었어야 하는 것이다.

이러한 실수들을 직간접으로 경험하고 반성하고 교훈 삼으면서 한국 선원의 자질도 향상되고 한국 해운도 발전해 나갔다.

(2019. 7.12.)

▶ 흘수선(붉은색까지만 잠겨야 함)

19

바다에서 온 파일럿과 스테이크 소스

인류가 바다를 이용한 이래 바다에서 사용되는 용어가 만들어지기 시작했다. 이런 바다 말들이 육지에 올라와 일상생활에서 재미있는 일화를 남기게 된 것들이 많다.

대표적인 단어가 파일럿(pilot)이다. 선박 운항 중 가장 위험한 시점은 입·출항할 때다. 항구는 좁고 얕다. 입·출항하는 선박 수도 많다. 사고 발생 위험이 높아지는 이유다. 그래서 현지 사정을 잘 아는 항해 전문가에게 입·출항을 일임하게 되었다. 그를 파일럿이라고 한다. 기록에 따르면 16세기에 유럽에서 파일럿이 생겨났다. 몇 백 년 후에 비행기가 하늘을 나는 교통수단이 되면서 파일럿이라는 용어를 차용했다. 파일럿의 우리말은 도선사(導船士)다. 최고 연봉을 받고 직업 만족도가 1, 2위를 다투는 직종이라 이제 많이 알려졌다. 수업시간에 나는 항상 신나게 말한다. "여러분, 도선사는 서울 강북에 있는 절 이름 도선사(道詵寺)가 아닙니다. 착각하지 마시길"이라고.

해운 종사자들도 무심코 지나치는 용어가 있는데 바로 A1이다. 16세기 대항해 시대, 유럽의 화주들은 비싼 화물이 바다에서 침몰하면 큰 손해를 보게 되므로 선박의 안전을 원했다. 그래서 공익단체를 만들어 어떤 선박이 얼마나 안전한지를 확인하고 증서를 발행해 주고, 그 단체에 선박이 가입하도록 했다. 이렇게 하여 가장 먼저 생긴 것이 로이드 선급협회(船級協會)다. 선박의 안전성은 두 가지 측면을 봤다. 하나는 선체(船體)다. 선박의 외판 등이 두꺼워 해수가 들어오지 않을 정도인지를 보았다. 다른 하나는 기관, 돛 같은 속구다. 전자는 A, B, C로, 후자는 1, 2, 3으로 등급이 매겨졌다. 그래서 두 가지를 합친 A1 등급의 선박은 안전성이 최고로 보장된 선박이다. 선급협회는 각국 중요 항구에 검사원을 두고, 그들로 하여금 선박에 올라가서 검사를 한 뒤 본사에 검사 결과를 보고하게끔 했다. 그 뒤 본사에서 해당 선박에 대한 등급을 이같이 달아주는 것이다. 육지에서는 스테이크를 먹을 때 볼 수 있는 양념 소스에 A1이라는 상표를 붙였다. 자신의 소스가 최고 품질이라는 뜻으로 바다 용어인 A1을 차용한 것이다.

육지 용어가 바다 용어가 된 경우도 있다. 대표적인 것이 히말라야(Himalaya)다. 운송인은 화주와 운송계약을 체결하면서 자신의 화물에 대한 책임을 일정한 액수로 제한하는 권리를 가지게 된다. 그런데 하역작업도 운송인의 의무다. 통상 자신이 직접 처리하지 않고 하역회사에 맡긴다. 이 작업 중 화물에 손상이 가면 화주와 하역업자 사이에는 운송계약관계가 없기 때문에 화주의 손해배상청구에 대해 책임 제한을 주장할 수 없다. 어떻게 하면 될까? 운송인과 화주가 운송계약 때 하역회사도 책임제한이 가능하게 하는 약정을 체결하면 된다. 이런 내용을 가지는 약정을 히말라야 조항이라고 한다.

　그렇다면 왜 하필이면 히말라야인가? 육지의 산맥 이름이 바다와 무슨 관련이 있는가? 이런 문제가 처음으로 발생한 선박의 이름이 '히말라야호'였기 때문이다. '히말라야 조항이 무엇이냐'는 해상법 수업시간에 단골로 내는 시험문제다. 걸작인 답변이 나왔다. '아시아와 유럽을 잇는 산맥 이름'이라고. 감점 처리를 했지만 유머에 매료되었다. 그 후 수업 때마다 이 에피소드를 사용한다. 감점은 일시적이지만 유머는 영원하다. (2019.8.2.)

20

'고래 검사님'

물밑에 내려진 그물을 끌며 고기를 잡는 트롤 어법과 달리 어망을 고정시킨 채 고기를 잡는 방법이 있다. 소위 '정치망(定置網) 어법'은 마을 앞바다 일정한 구획에 그물을 위아래로 쳐서 지나가는 고기들을 잡는 방법인데, 시나 군의 허가를 받아야 한다. 동해안 가까이서 볼 수 있는 일련의 하얀 부유물이 정치망 어장의 물 위 부분이다.

정치망 선원들이 어장에 나가 그물망 안 고기들을 건져오는 작업을 동해안에서는 "어장에서 물을 본다"고 말한다. 어장 선주들은 매일 일정한 수입을 올릴 수 있는 장점이 있어서 어민들은 정치망 어장에 일정 지분이라도 가지려 애쓴다. 어장 선주들은 큰돈을 벌지는 못하지만, 가끔 횡재를 한다. 방어가 무리로 잡힐 때다. 방어는 고급 어종으로 1마리에 10만 원은 족히 된다. 한 번에 100마리, 200마리가 어장에 들어오면 하루아침에 어획고가 1,000만~2,000만 원이나 된다.

더 큰 횡재는 고래가 들어올 때다. 밍크고래는 어족 보호를 위해 국제조약에 의해 포획이 금지돼 있다. 그런데 그물에 들어와서 살아나가지 못하고 죽으면 판매가 가능하다. 다만, 관할 지방검찰청 검사의 확인을 받아야 한다. 한 마리에 3,000만 원에서 5,000만 원 정도 하니, 10년에 한 번 있을까 말까 하는 횡재다. 이때 판매가 가능하도록 확인해준 검사를 선원들은 '고래 검사님'이라 칭한다.

이러한 동해안 정치망 어장에 최근 몇 가지 변화가 찾아왔다.

첫째, 선원 구성원들의 변화다. 정치망 어장의 그물은 크고 무거워 작업을 하기 위해서는 적어도 10명의 선원이 필요하다. 두 개의 어장을 가졌으면 한꺼번에 물을 봐야 하므로 20명이 필요하다. 최근 한국인 선원을 찾기 어려워 외국인 선원들이 대거 승선하게 됐다.

둘째, 어족 보호에 따른 각종 규제의 대상이 확대된 점이다. 작년 여름에 고향에서 후배로부터 전화가 왔다. 어장 그물에 참치가 많이 든다는 것이었다. 방어와 밍크고래의 사례가 생각나 "축하한다. 부자 되었구나" 했더니, 후배는 "아니다. 모두 바다에 놓아주어야 한다"고 말했다. 참치는 경북 동해안에서 잡히는 어종이 아니었다. 최근 수온이 올라 남해에서 잡히던 참치가 올라오게 됐다. 그런데 참치도 보호어종이라 국제조약에 의해 우리나라도 연간 잡을 수 있는 참치의 수량이 정해져 있다. 경북 동해안에는 그동안 참치가 나지 않았기에 정치망에 배당된 수량은 제한적이었다. 그렇기에 다시 방류해야 한다. 참치의 국제 쿼터 제도는 원양어선에만 적용되는 것으로 생각했지만 지구 온난화로 동해안의 어장에까지 영향을 미치고 있다. 참치 어족을 보호하면서 어민들의 생계를 위해 쿼터를 균형 있게 조정할 필요가 있다.

셋째, 정치망 어장도 환경 문제의 영향을 받게 됐다. 그물은 오랫동안 바닷물 안에 있었기에 말리는 동안 냄새가 고약하다. 그물 건조장의 확보가 필수가 됐다.

이러한 변화에도 이른 아침 뱃전에서 그물을 당기며 만선의 기쁨을 노래하는 어부들의 손놀림은 변함이 없다. (2019.8.23.)

▸ 축산항의 정치망어선(1)

▸ 축산항의 정치망어선(2)

21

육지 구경

선원 생활 중 가장 기다려지는 것이 교대의 순간이다. 1980년 대 송출을 나간 선원들은 10개월을 승선해야 휴가가 주어졌다.

외국 선주가 운항하는 선박이라 한국에 기항하지 않는 송출선의 경우 교대 대상자는 외국 항구로 가서 전임자와 교대했다. 일본 나리타(成田) 공항에서 환승을 많이 했다. 공항 도착 후 근처 부두로 가서 정박 중인 선박에 올랐다. 휴가를 못 가는 선원들은 승선 선원들을 통해 가족들의 애틋한 사연이 담긴 편지를 받아볼 수 있었다. 새로운 동료에 대한 호기심보다 소중한 가족의 편지에 대한 기다림이 더 컸다.

의무 승선 기간의 절반이 넘으면 휴가를 꿈꿨다. 하선일이 한 달, 일주일, 3일, 입항…, 이렇게 다가오면 기분이 그렇게 좋을 수 없다. 선물을 한 보따리 들고 떠나는 선원들의 표정은 환하고 밝다. 선원 간 대화에서 가장 많이 나오는 단어가 '교대'일 정도로 승선 중 유일한 낙이었다.

자신도 모르게 교대 대상자가 되는 경우도 있다. 선박에도 말썽꾸러기가 있다. 흥분을 잘해 항시 다투고, 술을 마시면 싸우려 드는 사람이 있다. 선장은 회사에 전보를 친다. 어느 항구에서 누구를 교대시켜야겠다고. 항구에 들어가면 자신도 모르게 교대자가 승선한다. 선장은 하선 조치를 통보한다. 난동을 부릴까 봐 경찰을 미리 부르기도 한다.

10개월 승선 후 휴가에도 예외가 있다. 선박이 팔리거나 회사 자체가 팔리는 경우다. 새로운 선주가 자신의 선원을 태우기 때문에 기존 선원에 대한 하선 조치가 이루어진다. 대부분은 휴가를 떠나게 돼 좋아하지만, 일부는 실직에 따른 경제적 손실을 걱정한다. 귀국하지 않고 해외에서 교대가 이루어지는 극히 예외적인 일도 있었다. 해외에서 선박 충돌 사고가 나 선장이 형사 사건으로 조사를 받을 우려가 있었는데, 공소시효를 넘기기 위해 외국을 전전하는 극단적인 경우였다. 경기가 좋을 때는 장기근무가 회사에도 유리해 1년에서 하루라도 넘기면 1년 휴가비를 추가로 주었다. 선장은 재량권을 발휘해 선원들이 1년이 넘어 하선하도록 배려해 주었다.

선원들은 휴가를 나올 때 "이제 육상에서 근무해야지"라는 생각을 한다. 10개월 근무하면서 겪은 잊어버리고 싶은 나쁜 기억들이 주마등처럼 지나간다. 북태평양에서 저기압을 만나 배의 흔들림으로 잠을 못 잔 일, 긴 항해의 지루함, 상사와의 불화, 눈에 넣어도 아프지 않을 아기 생각…. 그러나 전직은 만만치 않다. 대부분은 부모님의 노후, 동생들의 교육, 아이의 양육 등 책임감을 느낀다. 다른 일로는 선원직만큼 필요한 자금을 얻을 수 없으니 당분간 배를 더 타는 것이 좋겠다는 착한 마음에 승선이 반복되고 세월은 흘러간다.

송출선이 많이 사라졌고, 한국에 기항하는 국적선은 늘어났다.

휴가를 얻을 수 있는 의무 승선 시간도 6개월로 단축됐다. 그리고 소셜미디어 등으로 육상과 소통하기도 편해져 승선 환경은 한결 나아졌다. 그럼에도 불구하고 선원 교대는 휴가를 의미하고 곧 육지 구경을 하게 되니 예나 지금이나 선원들의 마음을 설레게 하는 좋은 일임에는 변함이 없다. (2019.10.4.)

▸ 휴가 떠나는 선원

▸ 통선을 타고 집으로

22

선장이 한국어로 "그러면"인가요?

　선장외항 상선은 국제무역에 종사하기 때문에 국제통용어인 영어를 살하지 않으면 안 된다. 10년 배를 타면서 영어 때문에 웃기도 하고 울기도 했다. 영어 공부는 해양대 재학 때부터 시작되었다. 학교에 '타임반'이 있었고 회화를 하는 반이 있었다. 나는 외교관이 될 꿈도 있었기에 고등학교 때에도 영어 공부를 열심히 한 편이다.

　배에 올라 왔는데, 통신국장님이 '미국의 소리(VOA)' 방송을 알려주셨다. 단파방송으로 미국에서 방송되는 영어 방송인데 한국어 방송도 해주었다. 신기했다. VOA 방송을 들으면서 고립된 선박에서 외로움을 달랠 수 있었다. 미국 대통령들의 역사, 단어와 숙어의 유래 등이 나와서 익히면 재미있었다. 이때 기억한 것으로 집사람을 아주 꼼짝 못하게 한 것이 있다. 텍사스대에서 유학을 할 때 미국 대통령 기념관이 있는데, 가장 단명(短命)한 대통령(제9대 윌리엄 헨리 해리슨 대통령)이 있었다. 어떤 대통령이 취임식에 비를 너무 많이 맞아 감기가 지독히 들어 한 달도 못가 사망했다고 하니, 집사람이 어떻게 그렇게 잘 아느냐고 한다. 모두 이때 배운 실력 덕분이었다. 집사람은 지금도 내가 미국에 간 지 얼마 되지 않았는데 아이들에게 그 이야기를 재미있게 해 줘 감동을 받았다고 한다.

첫 배에서 있었던 일이다. 배가 사우디아라비아에서만 항해를 하는데, 영국 도선사들이 근무를 했다. VOA 방송에서 위아래가 일직선이 되는 것을 '업 앤드 다운'으로 표기하기도 하지만 '퍼펜디큘러(perpendicular · 수직선)'라고 부르는 것도 알았다. 닻을 놓을 때 닻과 줄이 일직선으로 늘어지는 것을 업 앤드 다운이라고 한다. 한 번은 이 상황을 퍼펜디큘러라고 하니 영국 도선사가 다가와서 "3항사, 고급 영어인데 어디서 배웠느냐. 멋쟁이"라고 엄지손가락을 들어주었다. 그러고는 선장님에게 가서 3등 항해사가 아주 우수하다고 칭찬해 주었다.

외국어를 잘하려면 현지인 친구를 사귀어 대화를 나누는 것이 지름길이라는 속설이 바다에서 전해온다. 나도 그렇게 해볼 요량이었다. 테드라는 선박 대리점 형을 만나 그의 친구들을 같이 보게 되었다. 몇 번을 놀러갔고, 서로 어느 정도 친하게 되었다. 버클리대를 나온 전문직 여성이 있었다. 마음에 들었다. 그래서 편지를 보내고 싶었다. 미국 롱뷰에 있을 때 엘리트 작업반장에게 여자 친구와 친해질 수 있는 멋진 문구를 알려 달라고 했다. 그가 준 내용은 다음과 같다. '이번 롱뷰에 내가 머무는 동안 당신을 만난 것은 나의 인생에서 최고의 순간이었습니다' 이렇게 적으라는 것이었다. 조금 과장됐다 싶었는데, 나는 이 글을 쪽지로 만들어 그녀에게 건넸다. 그런데 출항 때 테드가 그녀의 답장을 가져왔다. 자신은 사귀는 남자 친구가 있다고. 깨끗하게 물러났다. 당시 25세의 청년이라서 좀 과감했나 보다.

화물 손상 사건으로 선장인 나는 증인으로 호주 법정에 섰다. 현지의 한국인 통역을 붙였다. 영어로 질문을 하면 한국어로 그분이 통역을 하셨다. 열흘가량 심리가 열렸다. 중간쯤에 호주 변호사가 나에게 물었다. "캡틴 킴(김 선장). 한국에서 선장이라는 단어는 '그러면'인가요?" 웃음이 나왔다. 우리 쪽 통역사가 매번 "그러면"이라는 말을 먼저 하는 버릇이 있었던 것. 호주 변호사가 질문할 때 나를 '김 선장' 하고 불렀는데 한국인 통역사는 나한테 "그러면"이라고 먼저 운을 떼니 그런 오해를 할 만도 했다. 그래서 1992년 10월 호주 시드니 지방법원의 민사법정에서는 '선장(captain)'이라는 단어는 한국말로는 '그러면'이 돼 버렸다. 당시 외국에서 증인으로 선다는 것은 유쾌한 일이 아니었다. 증인석에서 한 말들은 다 잊었다. 그럼에도 불구하고 이 유머 하나만 남았다. 20년 전의 일인데 이 장면만은 기억에 생생하다. 고통스러운 순간은 찰나이고 유머는 영원하다. (2019.10.25.)

23
바다에서 특진하는 방법

해양대를 졸업하면 3등 항해사가 되고, 2년 승선 근무를 마치면 2등 항해사로 진급한다. 그런데 1년 만에 초특급 승진한 동기생도 있다. 그 비결은 무얼까?

유조선이 한국에 입항하기 전 부두가 준비되지 않으면 회사는 기관감속(slow steaming)을 지시한다. 속력을 낮춰서 오라는 뜻이다. 이렇게 되면 연료비가 적게 든다. 시속 20km로 항해하던 배의 속도가 10km 정도로 떨어진다. 이제 낚시가 가능해진다. 당직이 아닌 선원들은 뱃전에 붙어서 낚시를 즐긴다. 간혹 큰 고기들이 잡혀서 무료한 선상 생활을 즐겁게 해준다. 낚시 도구 장만은 선박에서 3등 항해사 담당이다.

동기생은 선박이 기항할 때마다 낚시 가게를 찾아가서 낚시도구를 잘 장만해 왔다. 한 번도 아니고 꾸준하게 준비를 잘했다. 성실한 그의 태도가 선장은 물론이고 선원들의 마음을 사로잡았다. 마침 2등 항해사 자리가 비게 됐다. 그래서 선장은 "진급을 상신합니다"라는 전보를 회사에 보내 결국 특진이 됐다. 그래서 2년이 필요한 진급을 1년 만에 달성한 것이다. 특진을 하려면 낚시가 가능한 유조선을 타야 한다는 우스갯소리가 생겨났다.

선장의 당직 시간은 정해져 있지 않지만 대개 오전 8시부터 정오까지 3등 항해사와 함께 선교에서 근무한다. 선장들은 당직 후 점심을 먹은 다음 오후에는 취미생활을 즐긴다. 운동 후 목욕을 즐기는 선장이 있었다. 하루는 목욕을 하려고 그가 탕에 들어갔는데 물이 푸른색이더란다. 몸을 물에 담그니 향긋한 향기까지 났다. 기분이 좋았다. 다음에는 다른 색깔과 조금 다른 향이 났다. 항해 내내 이런 호사를 누렸다. 이렇게 6개월이 지나서 조리사가 하선하게 됐다. 선장은 "본인이 만난 가장 훌륭한 급사입니다. 조리사의 후임으로 특진을 요청합니다"라는 내용의 전보를 회사에 보냈다. 바로 특진이 되었단다.

그러나 '선장으로의 진급'은 다르다. 꼼꼼하게 다양한 자질을 검증한다. 선장은 선박의 총책임자이기 때문이다. 우선 리더십이 있어야 한다. 선장은 선주의 대리인이므로 선주의 이익을 보호할 수 있어야 한다. 마냥 마음만 좋아서는 안 된다. 무언가 '한칼'을 보여줘야 한다.

어떤 1등 항해사가 분위기가 좋지 않은 선박에 해결사로 올라갔다. 원목선인데 목숨수당이 없어서 선원들의 불평이 심했다. 그는 왜 다른 선박에 있는 원목선 목숨수당이 없느냐고 한국의 송출 대리점에 가서 항의를 했다. 본사의 허락을 받아야 한다는 답을 들었다. 그는 당장 실시해야 한다고 했다. 전체 목숨수당 중 자신이 절반을 낼 터이니 회사에서 절반을 내어달라고 했다. 송출 회사는 본사의 허락 없이 그렇게는 안 된다고 했다. 출항하기 전 그는 서류를 기안해서 본사에 보냈다. 곧 본사에서 허락이 나서 소급 적용된 목숨수당을 받게 됐다. 회사는 불편했지만 이

런 1등 항해사라면 선주의 이익과 함께 선원, 선박 그리고 화물
을 잘 보호할 선장이 될 것으로 보았다는 후문이다. 그래서 그는
선장으로 쉽게 진급할 수 있었다.

　이런 특진에 대한 재미있는 이야기는 세월이 흐르면서 대개
과장이 되고, 전설과 영웅이 만들어진다. 따분한 바다 생활에 웃
음거리를 제공한다. 세 번째 원목선 1등 항해사 에피소드는 나의
이야기인데 절대 과장되지 않았다. (2019.11.15.)

▸ 1등 항해사 김인현

24
어려울 때일수록 바다로 나아가자

　가난하게 자란 종증조부님은 이재에 밝으셨다. 원산 등의 항구로 가서 명태를 사 부산에서 비싸게 파는 중개무역을 통해 큰 부를 축적했다. 1900년을 전후한 개항기라서 명태의 운반에는 바다의 선박을 이용했다. 살기가 어려웠던 조부님도 일본으로 건너가 사업에 성공했다. 조부님이 1945년 귀국하실 때 어선을 한 척 구입해 오신 덕분으로 우리 집안은 2대에 걸쳐 축산항(丑山港)에서 수산업에 오랫동안 종사했고, 성공적이었다. 그렇지만, 세월이 흐르면서 수산업은 실패했고 나는 어려워진 집안을 일으켜야 했다. 1978년 학비가 없는 한국해양대로 진학했다. 항해사와 선장으로 10년간 바다에서 근무했다. 내가 받는 봉급은 동생들의 유학비를 포함해서 집안의 생활비로 쓰였다. 대학교수 자리도 바다에서 취득한 경험과 선장 자격이 큰 도움이 됐다. 그러니까 4대에 걸쳐 우리 집안은 대대로 바다를 통해서 어려움을 극복하고 돌파구를 찾아왔다. 그러므로 바다는 나에게 있어 곧 현실의 어려움에 대한 타파, 탈출구, 위기 극복의 상징물처럼 됐다.

2009년 로스쿨이 발족했다. 나는 해상법 전공 학생들이 우리나라 로펌에 많이 취업하기를 기대했다. 그렇지만, 해상 사건은 영국 등 해외에서 대부분 진행되기 때문에 우리나라에서의 수요는 적었다. 그나마 사법연수원 출신에게 우선권이 있는 상황이었다. 나는 맞춤교육의 형태로 해상법을 학생들에게 지도해 경쟁력을 갖도록 수업을 설계했다. 그러나 제자들은 몇 년간 해상변호사로 선발되지 않았다. 돌파구를 찾아야 했다.

2013년 L과 J 학생이 해상변호사가 꼭 되기를 희망했다. 나는 승선 실습을 해주기로 했다. 2박 3일 동안 부산~울산~광양을 거치는 선박에 8월 초 제자들과 같이 올라탔다. 선박의 특유한 사항을 보여주고 전문용어를 설명해 주었다. 이것들이 해상법과 어떻게 연결되는지도 알려줬다. 학생들은 학교에서 배운 것들이 실무와 연결되니 기쁜 표정들이었다.

마침 선박이 광양항에 밤늦게 도착하는 바람에 새벽기차를 타야 했다. 우리 셋은 역 근처에서 소주잔을 기울이며 비장한 이야기를 나누었다. 해외 인턴 다녀와서도 3학년 2학기에 취업이 안 되면 우리끼리 해상 로펌을 하나 만들자. 끝까지 포기하지 말고 준비하자며 '여수 밤바다' 노래를 같이 부르면서 전의를 불태웠다.

둘은 그 다음 주 싱가포르로 떠났다. 내가 돌파구로 마련한 또 다른 카드였다. 세계적 대형 로펌에 2주간 실습을 다녀오기로 주선을 했다. 전국 로스쿨 중 첫 시도였다. 9월 말 L에게서 연락이 왔다. 대형 로펌에 해상변호사로 선발됐다는 것이다. 나는 너무나 기뻤다. 어떻게 합격이 된 것인지 궁금했다. 로펌에서는 그가 승선 실습을 한 점, 해외 유수의 로펌에서 인턴을 한 점을 좋게 보았다는 것이다. 이렇게 하여 로스쿨 졸업생 중 해상변호사 1호가 탄생하게 된 것이다. 졸업 전 J도 대형 로펌에 취업을 했다.

바다로 나아가 직접 체험한 승선 실습이 그 로펌을 움직인 것
이다. 바다 건너 외국 대형 로펌에서의 실습도 외국과 접촉이 많
은 우리 해상 로펌에는 매력적이었을 것이다. 나는 확신한다.
"어려울 때에는 바다로 나가면 돌파구가 반드시 있다는 것을" 바
다는 항상 열려 있고, 우리를 저버리지 않고 성공의 길로 인도해
준다. (2019.12.6.)

▸ 제자와 함께 승선 실습

25
첫 승선의 기억

처음이라는 것은 언제나 깊은 인상을 남긴다. 선원이 되기 위해 해양대 4년간의 준비 기간을 거친 다음 처음으로 외국에서 승선을 할 때였다. 백지 위에 하나씩 승선의 추억을 쌓아가는 첫 그림이었으니 그 장면이 생생하게 남는 것은 당연하다. 1982년 부산에서 2주간의 승선 교육을 받고 배선을 받았다. 승선할 배는 사우디아라비아의 얀부와 페르시아만의 라스타누라를 왕복하는 유조선이었다.

승선을 하기 위해 두바이로 가야 하는데 경유지인 나리타(成田)공항에서 8시간 가까이 기다려야 했다. 갑판장과 기관부 오일러가 같이 동승하는데 "3항사님, 나중에 1등 항해사가 되면 우리 잘 봐주이소. 본과 나왔으니 이제 3년만 지나면 1항사가 되지 않습니까?"라고 했다. 본과라는 말이 궁금했다. 1945년 한국해양대가 갓 설립된 시절에는 예과가 있고 본과가 있었다. 예과를 거쳐서 본과에 편입했다. 전수과 및 전문학교도 있었기 때문에 이들과 구별하여 정통 해양대 4년제를 나온 사람은 해양대 본과 출신이라고 부른다고 했다.

KLM네덜란드항공을 탔는데, 금발의 기내 승무원들이 있었다. 나에게 미소를 보낸 그녀에게 말을 걸고 회사 주소를 적어 주었다. 물론 연락은 받지 못했다. 그 이후로는 그런 호기로운 행동은 하지 않았다. 그 미소가 업무상의 친절함이라는 것을 깨달았기 때문이다.

두바이에서 우리는 작은 호텔로 들어갔다. 배가 도착하지 않아 이틀은 기다려야 한다는 것이다. 사흘 만에 배로 가게 되었다. 새벽에 일어나서 차를 탔는데 오랜 시간을 달렸다. 그리고 통선을 타고 내가 탈 배에 접근하는데 덩치가 엄청나게 컸다. 현측에는 산코라인이라는 흰색 글자가 적혀 있고 굴뚝에는 붉은색 동그라미 3개가 그려져 있었다. 이렇게 처음 마주하게 된 산코라인과의 인연은 10년 이상 지속되었다. 선박의 이름은 '요크의 페넬로페(Penelope of York)'였다.

중간 기항지를 제공한 곳은 바로 코르파칸이라는 곳이다. 페르시아만의 입구에 있는데, 아랍에미리트의 항구로, 자유경제체제가 도입돼 비교적 자유로운 무역이 가능한 곳이다. 선박들은 페르시아만에 입항하기 전 이곳에서 선박연료유를 공급받고 선원교대를 하는 등 인기가 많은 곳이었다.

대학 2년 선배님이 가욋일을 시키자 내가 몇 번인가 "내 일이 아니다(not my job)"라고 했다. 어느 날 그 선배가 나를 불렀다. "앞날이 구만리 같은 후배 3항사가 이제 일을 막 시작하면서 그렇게 하면 안 된다"고 조용히 충고를 해주었다. 큰 교훈이 되었다. 나는 그날 이후 그런 말을 한번도 사용한 적이 없다.

안경을 쓰게 된 것도 이 배에서였다. 나는 눈이 좋았다. 해양대생은 눈이 나쁘면 입학이 안 된다. 선장이 매시 15분 간격으로

▸ 첫배인 Penelope of York 선장실에서 3항사 김인현

태양 관측으로 선박 위치를 측량하라고 지시했다. 태양을 바로 거울로 보면 안 되고 그늘진 유리를 중간에 끼워야 한다. 정각에 맞추기 위해 급하게 하느라 그늘진 유리를 내리지 않고 밝은 태양을 바로 봤고, 그 탓에 시력이 나빠져 안경을 끼기 시작했다. 그래도 선장에게 훌륭한 3등 항해사라는 평가를 받았다. 안경이 영광의 훈장이 된 것이다. 이렇게 하나하나 배우면서 나는 선장으로 향하는 길로 본격적으로 나서게 되었다. (2019.12.27.)

26

바다의 전설이 된 선장들

　선장은 정해진 당직 시간이 없다. 24시간 당직이다. 시간 여유가 있을 때에는 취미 활동을 한다. 신동아 등 월간지를 외우다시피 하는 선장도 있다. 그는 식사 시간에 월간지 기사 내용을 토씨 하나 틀리지 않고 읊어준다. 특정한 물건을 집요하게 수집하는 선장도 있다.

　가끔은 천재성을 지닌, 무엇이든 잘하는 선장들이 나타나 후배들을 주눅 들게 했다. 좋은 예가 있다. 프로야구가 처음 시작돼 선풍적인 인기를 끌 때 부산 롯데야구단을 수년간 연구한 선장이 있었다. 그는 선상에서 원고를 써 '필승전략 롯데 자이언츠'라는 책을 1990년 발간했다. 그 내용에 감동받은 롯데야구단에서 그를 구단주로 모시고 갔다. 그는 2년 동안 구단주를 하면서 최하위의 롯데를 우승으로 이끌었다. 이후 그는 다시 배로 돌아와 도선사로 활동 중이다.

　1960년대 한국해양대에서는 항해학과 50명, 기관학과 50명의 해기사들이 졸업했다. 그런데 이들이 승선할 선박이 없었다. 국비로 키운 학생들에게 일자리가 없는 점을 안타까워하던 선장 출신 해양대 교수 한 분이 결단을 내렸다. 그는 교수직을 그만두고 일본으로 건너갔다. 그러곤 스스로 선장이 돼 일본 선박 한 척에 한국 선원들을 태우고 선원 송출(해외로 보냄)을 시작했다. 이렇게 시작된 한국 선원 송출은 1980년대 5만 명에 이르렀고 연간 매출 5,000억 원을 달성했다. 교수직을 과감하게 던진 선각자 선장이 없었다면 우리나라의 해운 발전은 힘들었을 것이다.

최근 중동 사태가 악화되었는데 생각나는 일화가 있다. 한국은 매일 대형 유조선 한 척이 원유를 싣고 입항한다. 대부분 중동에서 출발한다. 페르시아만에서 전쟁이 발발했다. 우리 정유사가 용선한 선박의 선원들이 페르시아만 입항을 거부했다. 정유사는 야단이 났다. 이 선박이 원유를 가지고 오지 않으면 큰일이 발생한다. 이에 용선을 나간 한국 선박을 찾아 원유 수송을 의뢰했다. 이 명령을 받은 선박의 선장은 선원들을 모아 일장 연설을 했다. "죽을 각오로 페르시아만으로 들어가서 원유를 싣고 가지 않는다면, 우리 조국의 산업시설이 멈춘다. 같이 들어가자. 반대하는 사람은 하선해도 된다." 우리 선원들은 누구도 이에 반대하지 않았다. 선장은 무사히 원유를 싣고 한국에 입항했다.

이번에는 다른 동해안 어선 선장의 이야기이다. 그는 선장으로 진급한 지 얼마 되지 않아 만선이 된 어선을 몰다가 항구의 방파제에 충돌해 배가 침몰했다. 해당 선주는 어업을 접어야 했다. 이후 그 선장은 다른 선주의 어선 선장이 되었다. 그는 일년에도 몇 차례씩 사고 선박의 선주를 찾아와 안부를 묻고 명절 인사를 했다. 잘못에 대한 사과였다. 차곡차곡 경력을 쌓아간 선장은 만선의 꿈을 이루는 횟수가 늘어났다. 그리고 수덕(水德)이 있는 선장으로 이름을 날렸다. 후에는 동해안의 최고 선장으로 성장했다.

　이처럼 다양하게 전설이 된 선장들이 있다. 이 순간에도 수많은 선장이 바다에서 직무를 성실히 수행한다. 이들이 있기에 무역도 가능하고, 전기도 켤 수 있고, 수산물도 식탁에 올라올 수 있다. (2020.1.17.)

27
부정기선의 추억

　필자는 선원 시절 원목선, 유조선, 철광석 운반선 등 부정기선에 승선했다. 태극기를 단 정기선을 한번 타보았으면 하는 아쉬움도 있지만, 부정기선의 매력을 지금도 잊을 수 없다. 정기선은 입출항 시간과 항로가 정해져 있고, 같은 구간을 반복 운항한다. 컨테이너 선박이 대표적이다. 예를 들면, 인천~광양~부산을 거쳐 미국 서부 롱비치를 반복해서 다닌다. 화주에게 예정된 일자와 시간에 화물을 인도해야 하므로 시간을 꼭 맞춰야 한다.

　이에 비해 부정기선은 다양한 항로를 다니며 어떤 화물이라도 싣는다. 미국 서부에서 원목을 싣고 일본에서 하역하고, 일본에서 철제를 싣고 유럽으로 간다. 이런 영업방식의 차이는 선원들의 선상생활에도 영향을 준다. 항구 정박 기간이 길다는 것이 부정기선 승선의 가장 큰 매력이다. 원목선은 최장 보름 항구에 정박했다. 하나에 길이가 10m 되는 원목 수천 개를 선박에 빠르게 싣는 것은 쉽지 않다. 그래서 선적에는 통상 일주일 정도 걸린다.

　입항하면 선원들의 마음은 소풍 떠나는 아이들처럼 가벼워진다. 맥주라도 한잔하고 백화점에서 가족 선물이라도 사야 한다. 첫날은 조심스럽게 탐색하다 다음 날부턴 이국의 신기한 풍물에 젖어든다. 누가 어디에 다녀왔는데 좋더라 하면 찾아가 본다. 출항 시간이 다가오면 아쉬움을 두고 떠나야 한다. 태평양을 건너는 동안 선교나 식당에서는 육지에서 있었던 일들로 웃음꽃이 터진다.

특히 미국 북서부 워싱턴주와 오리건주 포틀랜드시를 제2의 고향이라 할 정도로 많이 기항했다. 그래서 아름다운 추억이 많다. 그중 컬럼비아강의 추억을 잊을 수가 없다. 이 지역은 원목이 많이 난다. 그리고 곡창지대다. 원목과 곡물을 수출하기 위해 컬럼비아강을 따라 항구가 형성됐다. 부두가 준비되지 않으면 강에 닻을 놓고 며칠을 기다린다. 우리는 무료함을 달래기 위해 구명정을 내려 노를 저어서 공원에 갔다. 맥주와 함께 고기를 구워 먹기도 했다.

포트 앤젤레스 부두에서는 보잉사에서 은퇴한 60대 어른을 만나 그의 집에도 초대받아 놀러 갔다. 그를 통해 미국인들의 생활과 사고방식을 알 수 있었다. 그는 항해 중 읽으라면서 다양한 책을 줬다. 그가 선물한 니미츠(옛 미국 태평양함대 사령관) 자서전과 1943년에 발간된 타임지는 내가 아끼는 소장품이다. 그와 편지를 주고받으며 서양 부부는 어떻게 다투는지도 알게 됐다. 그 부부는 공원에 나들이를 갔다가

▶ 포트 앤젤레스에서 만난 덜쿠프 씨 부부

음식 준비를 빠뜨린 것을 알고 싸우기도 했다고 한다. 1980년대 중반의 일이다.

부정기선을 탄 덕분에 필자는 많은 외국 문물을 경험했다. 하지만 정기선이었으면 좋았을 일도 있었다. 1984년 오락 담당이었던 나는 선원용으로 비디오테이프를 암스테르담 시내에서 두 개 구입했다. 그런데 배에 가져와서 틀어보니 안 나왔다. 비디오와 플레이어의 방식이 달랐던 것. 환불을 해야 하는데 배는 당일 출항 예정이었다. 그 배가 같은 항구를 다니는 정기선이었다면 나중에라도 바꿀 수가 있었을 텐데.

부정기선의 선원들은 가수 심수봉의 노래 '남자는 배, 여자는 항구'에서 '떠나가는 남자'에 해당한다. 항구로 돌아올 기약이 없는, 그래서 때로는 절박하게 때로는 자유롭게 항구의 낭만에 집착하면서 스토리를 만들어간다. (2020.2.7.)

▸ 니미츠 자서전과 1945년 타임지

28
선원에 대한 존경

선원이 존경받아야 하는 이유는 몇 가지가 있다. 바다에서 죽을 고비를 넘기며 항해를 했기 때문이기도 하나. 바다에선 선박에서 떨어지면 바로 목숨이 위험하다. 그래서 배를 탄다는 것은 무섭고 두렵다. 필자도 세 번 정도 저승사자 앞에 다녀왔다.

1등 항해사 시절이었다. 큰 선박이 부두에 붙기 위해서는 강한 밧줄로 꽁꽁 묶어야 한다. 처음에는 선박과 육지의 간격이 넓지만 이를 점차 줄여 부두에 딱 붙인다. 마지막 정리를 할 때였다. 밧줄 하나가 선박과 부두의 접촉 충격을 줄여주는 고무판에 끼어버렸다. 밧줄 감는 장치를 이용해 서서히 밧줄을 감으면 그 고무판으로부터 밧줄이 떨어져 나온다. 그 상태를 1등 항해사가 뱃전 위에서 보고 신호를 해줘야 한다. 나는 뱃전 위에 올라섰다. 처져있던 밧줄이 서서히 감겼고 점차 장력이 탄탄히 걸렸다. 순간 위험을 직감했다. 밧줄이 고무판에서 떨어져 나온다면 바로 수직으로 튕겨 나올 것이기 때문이다. 뒤돌아 갑판으로 뛰어내리려는 동작을 취하는 순간 정신을 잃었다. 깨어보니 사람들이 몰려와 있었다. 다들 "괜찮냐"며 걱정스럽게 물었다. 뛰어내리는 순간 밧줄이 동시에 나의 배 앞부분을 스치고 지나간 것이었다. 근무복에 그 자국이 남아 있었다. 1, 2초 사이에 생사를 오간 것이다.

원목선을 탈 때 일이었다. 원목을 싣는 방법이 알래스카는 좀 달랐다. 선박을 바다에 세워두고 뱃전에 끌어다 둔 원목을 담아서 싣는다. 그곳 바다 경치가 너무 좋아 후배들이 원목더미에 올라가 보자고 했다. 후배 두 명이 먼저 올라갔다. 이어 내가 첫발을 내딛는 순간 원목에 미끄러져 버렸다. 몸이 물속으로 쑥 빠졌다. 허우적거리는 순간 후배들이 양손을 잡아줬다. 위험천만이었다.

배에서 육지로 가려면 통선을 이용해야 한다. 닻을 놓고 외항에 있으면 작은 통선을 불러서 육지로 간다. 그날은 위험한 날씨도 아니었다. 모든 선원들이 내려가고 1등 항해사인 내가 마지막으로 내려갈 차례였다. '갱 웨이'라는 30도 각도로 설치된 사다리를 이용하는데, 위험하므로 항상 밧줄을 잡고 내려간다. 통선이 가까이 와서 내가 발을 내리는 순간 이 통선이 뒤로 빠져버렸다. 내 몸의 반쯤은 통선 위에 올라갔다가 오른쪽 발을 딛지 못하고, 몸의 중심이 바다 위에 놓인 상태가 됐다. 나는 한손으로 갱 웨이에 매달려 있었다. 통선이 다시 돌아올 때까지 2, 3분이 걸렸다. 조금 더 시간이 걸렸다면 힘이 빠져 손을 놓고 죽음의 문턱으로 들어섰을 것이다.

선박은 기본적으로 위험하다. 그래서 해양대 4년 동안 정신력과 체력을 길러야 한다. 자신을 보호하는 방법도 배워야 한다. 매주 M1 소총을 들고 영도 일주 구보를 하며 극한 상황을 몇 번이나 겪었다. 약 3시간 구보. 깔딱 고개를 넘을 때는 숨이 차서 죽을 것 같았다. 100여 차례 행해진 구보는 바다의 위험을 이겨낼 수 있는 토양을 제공해주었다. 옛날에는 선원들을 경시하여 '뱃놈'

이라고 했다. 하지만 죽음을 무릅쓴 그들 덕분에 한국의 무역이 있다. 그 덕에 우리 경제가 돌아간다. 그들을 '뱃놈'이 아니라 '뱃님'으로 부르며 그들의 가족들도 함께 대우해주자. (2020.2.28.)

▸ 선박에 오르기 위한 사다리

29
선상 보너스의 추억

선원이 가족과 떨어져 힘든 선상 생활을 하는 것은 경제적인 이유가 크다. 선원 봉급은 육상의 동료들보다 3배 많은 것이 원칙이다. 출퇴근이 없는 생활이기 때문이다. 하지만 현실은 1.5배 정도다. 봉급 대부분은 집으로 보낸다. 기타 수당들이 있는데, 이는 선원의 사기에 큰 영향을 미친다.

우선 선상급이 있다. 월 약 10만 원 남짓. 특수 작업을 하면 작업수당이 붙는 데 선상급에 포함된다. 배에서 맥주를 마시거나, 육지에서 가족 선물을 살 때, 여행을 다닐 때 쓴다. 지금 당장 좋은 물건을 사고 싶은데 돈이 부족한 경우는 선장에게 가불을 부탁한다. 선상급이 부족하면 가불을 받아 사용할 수 있으나, 대신 집으로 보내는 봉급이 삭감된다. 선원들은 집에 있는 가족을 부양해야 한다는 책임감이 크기 때문에 가불을 하는 경우는 드물다. 어떤 선원은 자신의 선상급을 모두 집으로 보내는 경우도 있었다.

'용선자 보너스'도 있다. 원목선은 화주인 용선자가 '화물을 잘 실어달라'는 의미에서 용선계약서상 약정된 일정한 금원을 선장 등에게 지급한다. 이는 선원들에게 일정 금액씩 분배해 요긴하게 사용한다. 가끔 선장이나 1등 항해사에게 따로 몇백 달러를 봉투에 넣어 주는 경우도 있다. 이를 모두 나누어야 할지, 책임자들만 가져야 할지 선장은 고민한다.

원목을 실으면 다양한 형태의 용돈이 생기는데 이를 많이 만들어주는 1등 항해사는 인기가 높다. 원목을 고박할 때 필요한 와이어는 몇 번 사용하면 낡아서 갈아야 한다. 그렇지만 낡은 와이어를 다른 용도로 사용할 수 있다. 한국과 일본에는 이를 사려는 이들이 많다. 우선 용도폐기 처리하고 갑판부 선원끼리 이를 나눠가진다. 한번은 화주가 옹이 나무 5개를 실어주면서 "한국 가서 팔아서 사용하라"고 했다. 고깃집 탁자로 사용되는 것이라고 했다. 몇 달을 싣고 다니다가 대만에서 팔았는데 수입이 짭짤했다. 선원들에게 나누어 주었더니 모두 싱글벙글했다.

철제를 싣는 경우도 부수입이 생긴다. 철제 고박을 하려면 '던 내지'라는 나무를 깔거나 고여야 한다. 짐을 내리고 나면 이런 긴 나무 조각들이 선창에 가득하다. 이를 모아 두었다가 항구에서 팔면 돈이 된다.

선상급 지급이나 부식 구입을 위하여 선장은 항상 1만 달러 정도의 현금은 가지고 있다. 선장은 금고에 이 돈을 넣어둔다. 이는 해적의 표적이 된다. 해적이 올라오면 요구하는 것이 "금고 문을 열라"는 것이다. 선장은 순순히 이 돈을 내어준다. 해적은 달러를 들고 유유히 사라진다. 이렇게 사람을 보호하는 기능도 한다.

수당하면 잊지 못할 목숨 수당이 있다. 원목선이 전복되거나 사람이 다칠 위험이 있어서 생명수당을 준다. 동일한 송출 대리점에서 취급하는, 서로 다른 선주의 선박에 승선했는데 그 선박에는 생명수당이 지급되지 않았다. 부당하다고 생각해 회사에 공문을 보내 항의했더니 한 달 뒤 생명수당이 신설됐다. 선주는 당장은 불편했겠지만, 장기적인 관점에서 이를 수용했다.

　수당을 받을 날에 대한 기대, 그 수당으로 무엇을 할지 마음 부풀었던 그날의 아름다웠던 추억들은 나의 잔잔한 미소와 함께 흘러간다. (2020.3.20.)

▶ 2항사 시절 중국에서 선상급으로 맥주 한잔

30
'무역대국 한국' 만든 선원들

　그야말로 아무것도 없이 시작할 수밖에 없었다. 우리는 바이킹의 후예도, 콜럼버스처럼 목숨을 바쳐 신대륙을 개척한 민족의 후예도 아니었다. 한국 선주들은 어떻게 해운업을 시작할지 막막했다. 먼저 한국 선원들은 미국과 일본 선주의 선박에 승선해 일하는, 소위 송출을 나갔다. 1960년대 후반부터 시작된 일이다. 이 선원들을 송출하던 회사들이 1980년대 들어 자본력을 바탕으로 선박을 확보해 선주사로 거듭났다. 송출 대상이었던 선원들은 신생 선박 회사의 임원이 되어 선박을 관리했다. 한국의 송출 선원 출신이라면 선박 관리나 화물 운송을 맡길 수 있다는 신뢰가 쌓이기 시작했다. 이러한 신뢰관계 속에 송출 선원들이 선박을 운항하면서 우리 해운업은 자리를 잡기 시작했다.

　한국 선원들은 휴가 없이 1년 이상 계속 승선하는 참을성이 있었다. 서양 사람들은 6개월에 한 번은 휴가를 갔다. 회사는 교대 비용과 휴가비가 적게 들기 때문에 1년 이상 승선하는 우리 선원들을 더 선호했다. 한국 선원이 가장 돋보이는 경우는 급히

'선창 소제'를 해야 할 때였다. 중국에서 원목을 양륙하고 나자 선장은 회사로부터 전보를 받았다. "이틀 내로 일본에서 철제를 실을 준비를 마칠 것." 불가능한 일이었다. 원목 작업 후에는 껍질이 엄청나게 나온다. 1m 정도로 껍데기가 쌓여 있다. 이틀 내에 선창 5개의 원목 껍데기를 어떻게 치울 수 있는가. 보통 일이 아니다.

▸ 햄록을 선창에 싣는 모습(껍데기가 많이 나온다)

선교에서 당직을 서는, 선장을 제외한 전 선원은 선창으로 내려간다. 모두 삽질을 한다. 해도 해도 끝이 없다. 원목 껍데기를 슬링에 담아 크레인으로 올려 바다에 버려야 했다. 꼬박 이틀 밤을 새워 일을 마무리한다. 항구에 들어가서 검사원이 올라와 합격 판정을 해준다. 서양 선원들이라면 육지에서 사람을 올려 달라고 해 일을 처리했을 것이다. 그렇게 되면 선박이 이틀을 쉬니 선주로서는 10만 달러가량 손해가 난다. 선주 입장에서는 이러한 손해가 생기지 않도록 밤을 새워 일해 주는 한국 선원들이 얼마나 고마웠겠는가. 이렇게 한국선원들은 신용을 얻었고 최대 5만 명의 송출 선원들이 1990년대 중반에는 연간 5억 달러의 외화를 벌었다.

어떻게 해서 이런 일들이 가능했을까. 선원들은 가정을 책임지고 바다로 나왔다. 바다에서 일을 하며 희생하면 그 대가로 육지에서 가족들이 편하게 생활하고 교육도 받을 수 있으니까 참고 일을 했던 것이다. 무엇보다 중요한 것은 선장과 기관장 등 사관들의 마음 자세였다. 해양대생들은 죽을 고비를 여러 번 넘겨 왔다. 학창시절 M1 총을 들고 토요일마다 영도 일주를 했다. 3시간 구보였다. 기진맥진 낙오할 지경에 이르렀지만 쓰러질 것 같은 고비를 이겨내기를 수십 번도 더했다. 이런 극한 상황을 수십 번 경험한 사람은 작업 현장에서 선원들과 같이 땀을 흘리며 밤을 새워도 주어진 임무를 마칠 수 있다. 지금 다시 하라면 못할 것 같은 그런 일들을 한국 선원들만이 할 수 있었다. 그렇게 쌓인 신용이 오늘날 무역대국과 한국 해운을 존재하게 했음을 기억하자. 또 선원의 안전, 충분한 휴식 및 합당한 보상이 우선이라는 점도 간과하지 말자. (2020.4.10.)

31
섀클과 로프

  우리 집은 수산업을 했다. 이 업을 하기 위해서는 선박과 선원, 그리고 그물이 필요했다. 그물을 이용하여 고기를 잡으려면 선박과 그물을 묶는 밧줄이 필요하고, 밧줄과 선박을 연결하는 장치가 필요하다. 선박 몸체와 그물의 끝단에 각각 동그란 모양의 구멍을 만든다. 그리고 타원형의 장치를 이 양 공간에 넣어 핀을 꽂으면 그물과 선박을 안전하게 연결할 수 있다.

  동네 형들이 내가 귀여워 자꾸 나를 찾는 줄 알았다. 실은 그들의 목적은 따로 있었다. 조부님 창고의 개구멍으로 들어가자는 것이었다. 우리는 타원형의 쇠붙이 몇 개를 들고 나왔다. 엿집에 가서 쇠붙이를 엿으로 바꿔 먹었다.

  초등학교에도 입학하기 전, 여러 차례 이 짓을 했다. 조부님이 아시게 돼 우리들은 혼쭐이 났다. 해양대에 입학하고 난 뒤 그 당시 엿으로 바꿔 먹던 쇠붙이의 이름이 '섀클'이라는 것을, 또 법률상 친족상도례(親族相盜例)라 하여 조부님의 물건을 훔친 손자는 처벌 대상이 되지 않는다는 것을 알게 되었다. 로프도

섀클과 같이 선박과 무엇을 연결할 때 사용하는 밧줄이다. 선박과 그물을 연결할 때는 물론이고 물에 빠진 사람을 구할 때도 로프가 사용된다. 로프는 주먹 크기의 섀클과 달리 길이가 수십 m에 이르고 무겁고 밧줄에 힘이 잔뜩 걸리기 때문에 사용 시 매우 주의해야 한다. 자칫 밧줄 때문에 목숨을 잃을 수도 있기 때문이다.

로프가 가장 요긴하게 사용되는 것은 선박을 부두에 붙일 때다. 통상 로프는 선박의 앞부분과 뒷부분에 3줄씩 잡는다. 그러면 큰 선박이 부두에 꼼짝없이 붙어있게 된다. 한번은 선박이 부두에 접착했는데 로프 하나가 부두의 펜더(완충장치) 아래에 끼었다. 낀 로프를 감아 올려야 하는데 잘 보이지 않았다. 당시 1등 항해사였던 나는 뱃전 위로 올라가 로프를 감아 올리라는 신호를 주었다. 나는 펜더에서 로프가 풀리는 것을 지켜보고 있었다. 로프에 힘이 가해지고 틈새로 풀려 나올 순간 나는 '아차' 싶었다. 내가 뒤로 뛰어내리려는 순간, 밧줄이 튀어 올라왔다. 나는 정신을 잃었다. 얼마나 지났을까. 눈을 떠보니 많은 사람들이 보였다. 가슴을 만져 보았는데 통증이 없었다. 분명 튀어 오른 로프에 맞았는데 …. 죽었다고 생각했는데 턱도 이상이 없다. 일어나 보니 로프 흔적이 옷에 남아 있었다. 감는 힘이 강하게 걸린 로프가 내 배를 가볍게 스치고 지나갔고, 그 힘으로 뒤로 나가떨어지면서 정신을 잃었지만 아무런 외상이 없었다. 천우신조였다.

섀클과 로프는 선박 관련 각종 장비를 연결해 선박이 고유의 목적을 달성할 수 있도록 한다. 바다 사람들은 재미있고 교훈적인 다양한 이야깃거리를 가지고 있다. 이런 소재들을 모아 바다 문화를 만들어 내야 한다. 그 이야깃거리를 문화로 만들어 가는 연결고리가 필요하다. 나는 복 받은 바다 사람이다. 칼럼이라는 연결고리를 통해 독자들과 바다 이야기를 나누고 있으니 말이다. 본 칼럼은 나에게 섀클과 로프 같은 고마운 존재이다. (2020.5.1.)

▸ 섀클(shackle)

32
평생의 동반자, 등대

    동해안 축산항에서 태어난 나는 언젠가 우리 집 뒷산에 있는 흰 물체를 봤다. 등대였다. 녹색 대나무 숲과 푸른 하늘색을 배경으로 한 흰색 등대가 아름다웠다. 초등학교에 입학한 나는 멀리 있는 집을 찾아갈 수 있을지 겁이 났다. 그렇지만 그 등대를 길잡이 삼아 우리 집에 무사히 도착했다. 그때부터 등대가 고마워졌다. 등대 위에 올라가 보기로 했다. 5m 가까운 등대의 몸체에 붙어 있는 지지대 20여 개를 잡고 올라가야 했다. 초등학교 4학년 무렵 기어이 등대 위에 올라섰다. 산에 가려서 보이지 않던 동해의 장관이 펼쳐졌다.

    등대의 역할이 바닷길을 비춰 주는 것임을 알기까지는 시간이 걸렸다. 등대는 일정한 시간 간격으로 불빛을 반짝인다. 어른들은 죽도산 정상에 있는 축산항 등대 불빛을 보고 어선들이 바다에서 길을 잃지 않고 우리 항구로 돌아올 수 있다고 했다. 어느 날 북한에 넘어갔던 우리 동네 어선들이 배에 붉은 페인트를 칠한 상태로 돌아왔다. 축산항인지 알고 들어갔더니 북한이었다는 것이었다. 등대를 오인했던 모양이다. 해양대에 다니면서 등대도 서로 구별이 될 수 있도록 반짝이는 주기를 달리하고 있음을 알게 됐다. A등대는 10초에 한 번씩, B등대는 5초에 한 번씩 반짝이도록 등대를 배치한다. 해도(海圖)에 그러한 사실을 기입해둔다. 항해사와 어부들은 이런 등대의 특성을 확인해 자신의 목적지를 찾아가야 한다.

이같이 등대의 고유한 목적은 길잡이다. 긴 항해를 이어온 선원들에게 이제 안전한 육지에 도달했음을 알려주는 기능이다. 그래서 등대는 희망과 긍정의 상징이 되었다. 일본에서 출항하여 미국 북서부로 항해하는데 안개가 계속 끼어 현재 나의 위치를 몰라 불안했다. 안개가 걷히면서 곧 육지의 등대를 발견했을 때 안도의 한숨을 쉬었다. 등대가 설치된 곳은 '위험하니 피해 가라'는 뜻도 있다. 너무 가까이 가면 등대 유역의 얕은 곳에 선박은 좌초되고 만다. 불빛을 한 방향으로 계속 비추는 등대도 있다. 이 불빛을 따라 계속 항해하면 안전하게 목적지에 도착할 수 있다. 부산항의 높은 산에 설치된 선박 뱃길 안내용 등대가 대표적이다.

최근 등대에 관광과 숙박 기능이 더해졌다. 오동도와 장기갑 등대가 대표적이다. 등대는 바닷가에 설치돼 경관이 좋다. 한적한 곳이다 보니 조용히 시간을 보내기에 적격이다. 여기에 등대지기를 위한 기존의 숙박시설을 확충하면 훌륭한 관광자원이 된다.

뉴욕 출장 때 멋진 등대 그림을 발견해 연구실에 걸어둘 요량으로 사 가지고 왔다. 애지중지 지금도 연구실의 높은 곳에 걸어두었다. 몸은 바다를 떠나 있지만, 나는 여전히 등대와 함께 살아간다. 등대는 내 평생의 동반자였던 셈이다. 유년 시절의 등대는 우리 집을 찾아오게 하는 큰 물표로서의 기능을 했다. 선원

시절 등대는 안전의 길잡이였다. 대학교수인 지금 등대는 해상법과 해양수산 발전에 이바지하라는 방향을 나에게 제시한다. 등대와 항상 함께했기에 나는 긍정적인 마음으로 내가 정한 인생의 목표를 잃지 않고 꾸준하게 한 걸음씩 나아갈 수 있었다.

(2020. 5.22.)

▸ 축산항 등대

33
40일 항해 동안 벌어진 일

1983년 5월, 달콤한 첫 휴가를 마친 나는 A선박에 승선했다. 대만 가오슝에서 철재를 싣고 노르웨이의 나르비크항으로 가라는 항해 지시를 받았다. 북유럽 항구를 구경한다는 소식에 선원들은 흥분됐다.

그렇지만 도착하기까지 40여 일의 항해가 필요했다. 한국에서 미국 서안으로 가는 항해는 15일이면 된다. 40일의 항해는 길다. A선박이 너무 커 수에즈 운하를 바로 통과하지 못하고 희망봉을 돌아가야 했기 때문이다. 대만에서 서쪽을 향해 항해하다가 약간 남으로 내려가 희망봉을 돌아서 북으로 항해하면 스페인의 테네리페섬이 나온다. 섬에서 다시 북으로 향하면 영불해협이며 북쪽으로 올라가 90도로 가면 나르비크가 나온다.

항해사인 나는 당직을 선교에서 서야 했다. 인도양을 건널 때에는 그야말로 '망망대해', 배 한 척 보이지 않았다. 알데바란 등 남반구의 밝은 별자리 이름을 익혔다.

당직을 마치고 나면 70mm 환등기를 틀어보는 것이 유일한 낙이었다. 그때만 하더라도 배에서는 환등기로 영화를 봤다. 오락담당인 3등 항해사가 "오늘 몇 시에 어느 방에서 영화 상영을 한다"고 알린다. 상영시간은 저녁식사를 마치고 오후 7시부터 10시까지였다. 우리 당직자들은 밤 12시 당직을 마치고 따로 방에 모여 영화를 봤다. 선박에는 탁구시설이 마련되어 있어 단·복식 게임을 즐기며 시간을 보냈다. 땀을 많이 흘리고 샤워를 한 다음 맥주 한 잔을 마시면 참 기분이 좋았다. 나도 항해 중에는 하루에 2시간 정도 탁구를 쳤다. 오후에는 단파방송을 구입해 VOA 방송의 주파수를 맞춰 영어 방송을 듣고 이해하려고 했다.

한편 장거리 항해는 선원들을 예민하게 만들었다. 본디 육지에서 땅을 밟고 살아가야 할 사람들이 배에 갇혀 오랫동안 지내다 보니 항해가 길어질수록 조금씩 예민해졌다. 소소한 일에 시비가 붙기도 했다.

이런 경우 선장은 윷놀이 등 단체 게임으로 스트레스를 해소해주었다. 한번은 적도제를 지낼 때 선원들이 한 잔씩 음주를 한 것이 문제가 되었다. 술에 취한 오일러가 기관장의 멱살을 잡는 일도 벌어졌다. 나로서는 생전 처음이자 마지막으로 본 하극상이었다. 분위기를 보아 사고가 날 여지가 있으면 금주령을 내려야 한다. "오늘부터 입항 때까지는 절대 술을 팔지 못한다"고 명령을 내리고 규율부장인 1등 항해사가 강력하게 집행하면서 아예 사고의 소지를 없애야 한다.

결국 40일 걸려 우리는 나르비크에 도착할 수 있었다. 백야(白夜)를 경험했다. 오후 11시인데도 대낮처럼 훤했다. 흰색 담장과 주홍색 지붕을 가진 아담한 집들이 옹기종기 모여 있었다. 그 아름다운 풍경이 지금도 눈에 선하다.

나르비크까지의 항해는 나에게 최장의 항해로 기록됐다. 그 기간 좋은 일도 있고 나쁜 일도 있었다. 이 모두가 나에게는 젊은 날 남들이 체험하지 못하는 소중한 경험이 되었다. 최근 코로나19 사태로 선원들이 육지를 밟지 못한다는 안타까운 소식이다. 항구에 입항한 선박에 가족을 승선시켜 주는 등 선원들에 대한 세심한 배려가 요구된다. (2020.6.12.)

34
선원과 선식

　선박에는 20여 명의 선원이 승선하여 생활하고 있으니 먹을 것이 필요하다. 항구에 들를 때마다 쌀, 고기, 야채, 식수 등을 실어야 한다. 세계 각국을 다니니까 싼 곳에서 필요한 것을 많이 실어둘 필요가 있다. 예를 들면 미국 서안에서는 오렌지와 고기 그리고 쌀을 싣는다. 현지 시장을 방문하여 식품을 구입하는 때도 있지만 이런 경우는 오히려 드물다. 이런 식품을 공급해 주는 현지 상인을 선식(船食), 이들이 운영하는 회사를 선식회사라고 부른다. 선식이 배에 올라와서 선장과 상의하여 주문을 받은 다음 출항 전 주문된 부식을 가져다준다. 부식이 올라올 때는 선원들이 구경하려고 모여든다. 선상 생활 중 식사는 선원들의 큰 관심 사항이기 때문이다.

　한국 선원들이 본격적으로 세계를 누비기 시작한 1970년대 이후 기항지에 현지 선식이 필요하다는 점을 느낀 한국 선원들 중 일부는 현지에 정착해 선식업을 개척했다. 일본, 미국 서부, 남미, 호주, 유럽, 아프리카 등 세계 각국으로 우리나라 선원들이 개척한 선식업이 뻗어나갔다. 선식업에서 기반을 잡아 다른 사업까지 확장하여 현지에서 성공한 사람들도 여럿 있다. 그래서 한국해양대에는 항해학과, 기관과 말고 선식학과가 있다는 우스갯말이 생겨났다.

현지 사정에 정통한 선식은 우리 선원들에게 다양한 기능을 제공했다. 선식은 선원들이 외국 항구에 구경을 나갈 때 교통수단을 무료로 제공했다. 외국어에 서툰 선원들은 온갖 잡다한 질문과 부탁을 선식에게 한다. 아내에게 선물할 화장품을 사려는데 어디에 가면 되는지 물어보거나 오디오 카세트를 파는 곳에 데려다 달라는 등의 부탁을 한다. 그리고 출항 때는 고국에 보내는 편지를 내민다. 선식들은 이런 일에 대해 마다하지 않고 서비스를 제공했다.

선식은 이 배 저 배 다니면서 메신저의 역할도 했다. 1989년의 어느 흐린 날 나는 1등 항해사로 캐나다 밴쿠버에서 일본으로 향하는 각재(角材)를 싣고 있었다. 5년 선배인 한 선식이 우리 배에 올라왔다. 우리 선단의 다른 배가 이웃 부두에 접안했는데 선장이 1등 항해사가 일을 너무 모른다고 불평을 한다고 했다. 그러니 나한테 그 배에 한번 가서 도와주라는 것이었다. 대학 1년 후배가 1등 항해사였다. 육상 근무를 하다가 다시 배를 탔는데 각재 적재는 처음이라서 어려움이 있다고 했다. 나는 그에게 이런저런 조언을 하고 배로 돌아왔다.

그로부터 6년이 지나 내가 로펌 근무를 시작한 첫날, 이 후배가 거래처 대형 보험회사에 차장으로 근무하고 있음을 알게 되었다. 반가웠다. 그는 그때 일을 고맙다고 말하며 보험 사건 처리를 의뢰하였다. "쉽게 해결이 될 것입니다"는 말과 함께 …. 전화 몇 번으로 사건은 쉽게 해결되었고 우리 로펌은 보험사로부터 상당한 보수를 받았다. 이 일을 계기로 나는 로펌에서 능력을 인정받을 수 있었다. 캐나다 밴쿠버의 선배 선식이 맺어준 인연 덕분이었다.

한국 선원들의 애환을 함께한 선원 출신 선식들은 우리나라 해운산업 성장 과정에서 밑거름 같은 역할을 했다. 10년 승선 기간 중 이들이 제공한 다양한 서비스에 도움을 받은 나도 이들에게 감사하는 마음이 늘 가득하다. (2020.7.3.)

▸ 해기사협회 발간 해바라기 잡지

▸ 해외 선식의 광고란

35

"한국 사람 나오세요"

　선박에 승선하면서 외부와의 통신수단이 궁금했다. 첫 승선 당시 통신국장이라는 직책이 있는 것을 알게 됐다. 통신장은 모스부호를 이용하여 전보로 회사에 보고했다. 1980년대에 들어서자 선박에도 통화 수단이 보급됐는데 인공위성을 이용한 전화 방식이었다. 세계 어느 곳에서나 통화가 가능했다. 그렇지만 너무 비싸 개인용으로는 사용 불가였다. VHF(초단파 이용 송수신장치)라는 손쉬운 통신수단이 있었다. 가청거리가 60마일 정도인 게 단점이었다. 모든 선박은 항해 중 공용으로 16번 채널을 듣도록 되어 있다. 선박은 조난 시 이 채널을 통해 긴급구조를 요청한다.

　때로는 VHF가 선원들의 개인 용무에 사용되기도 했다. 고국과 가족에 대한 그리움이 VHF를 통해 전달됐다. 망망대해를 항해 중 VHF는 우리 동포들을 만나는 수단이었다. "한국 사람 있으면 나오세요" 하고 수화기에 대고 말을 한다. 대개는 아무 대답도 없다. 그 망망대해에 선박이 없는 것이 오히려 정상이다. 일주일 정도 부르면 한 번은 우리 동포들이 나타난다. "여기는 한국 선박, 오버"라고 답이 오면 너무 반갑다. 아프리카 연안을 지날 때 조업을 하던 원양어선의 선장과 통화를 한 기억이 새롭다. 출국한 지 2년이 되었다고 했다. 고국에 대한 그리움 등 애환을 나누었다.

한번은 어처구니없는 사고가 발생했다. 첫 승선 중이던 동기생 3등 항해사들이 VHF를 통해 태평양 바다 한가운데에서 만났다. 졸업 후 1년 만에 바다에서 만나니 무척 반가웠다. 마침 안개가 자욱이 끼어 앞은 보이지 않는 상태였다. 서로 반대 방향으로 항해 중이었다. 상대방의 목소리는 더욱 또렷하게 들렸다. 충돌의 위험이 커지고 있다는 점을 망각한 채 이들은 즐거운 대화를 이어갔다. '꽈당!' 하며 충돌이 발생했다. 다행히 큰 피해는 없었다. 이 사고는 널리 회자되면서 선원들로 하여금 경각심을 가지게 했다.

VHF는 상대방을 특정할 수 없는 맹점이 있었다. 앞에 충돌위험이 있는 선박이 접근하고 있다. 상호 항해 방법을 약속했다. 그런데 나는 약속대로 항해했는데 상대방이 따르지 않아서 충돌사고가 발생했다. "당신이 약속을 지키지 않아서 사고가 났다"고 하면 "나는 당신과 약속한 바가 없는데 무슨 이야기냐"고 오히려 상대방이 화를 낸다. 알고 보니 나는 전혀 다른 제3의 선박과 통화를 했던 것이 아닌가! "여기는 ○○○호입니다. 나의 선박에서 6마일에 180도 방향에 있는 선박 나오세요." 이런 식으로 상대 선박을 불러 통화를 한다. 이후 AIS(자동선박식별장치)가 사용되면서 상대방의 선박이름과 위치를 함께 알 수 있게 되어 이와 같은 충돌사고는 피할 수 있게 되었다.

승선 중 가장 신나는 일은 고국 부산항 앞을 지날 때이다. 대한해협을 지날 때 선장은 가능하면 부산항으로 바짝 배를 붙이라고 명한다. VHF 통화가 더 깨끗하게 되도록 선원들을 배려하는 조치다. "곧 부산항 앞을 지나니 집에 통화하고 싶은 사람은 통신실에 오십시오." 선원들은 우르르 모여들어 VHF로 집에 전화를 걸어 부인, 아이들과 통화를 한다. 이렇게 가족의 목소리라도 들어보는 것이 큰 행복이었다. 송출선이라서 1년이 되어야 귀국하는 선원들에게는 이보다 큰 선물은 없었다. 고마운 VHF!

(2020.7.24.)

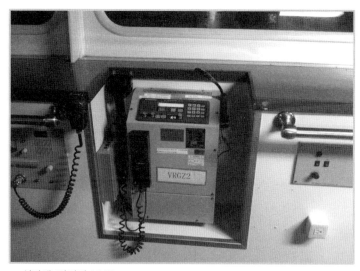

▸ 선박에 비치된 VHF

36

'도선사'를 아시나요

해상법 수업을 시작하기 전 "오늘은 도선사에 대한 공부를 합니다. 주의할 것은 도선사(導船士)는 서울에 있는 사찰 이름인 '도선사(道詵寺)'가 아니라는 점입니다"라고 유머를 던지면 학생들이 모두 웃는다. 화기애애한 분위기에서 나는 이야기를 이어간다. "선장들이 항구에 들어오고 나갈 때 항구의 사정을 잘 모릅니다. 선박을 안전하게 몰아줄 사람이 필요합니다. 그 전문가가 바로 도선사입니다"라고.

대학에서 항해학과를 졸업한 사람들의 사법시험인 도선사시험, 이 시험에 합격하기 위하여 도서관에서 혹은 절에서 2년을 보내는 것이 보통이다. 평균 합격 연령이 50세인 시험. 선박회사 선원 담당자는 도선사시험 6개월 전쯤인 2월경 업무상 바빠진다. 대부분의 경력 있는 선장들이 하선하여 도선사시험에 응시하기 때문에 선원 담당자는 교대자를 물색해야 하기 때문이다.

도선사는 항해사와 선장들의 평생 꿈이다. 가족과 떨어져 선상생활을 하던 선장들이 도선사가 되면 집에서 출퇴근하면서 각

항구에서 일할 수 있으니 좋다. 그리고 높은 수입이 보장된다. 통상 30대를 넘긴 젊은 항해사들은 선장으로 진급해 승선하면서부터 도선사시험을 준비한다. 선장으로서 승선 경력이 5년 이상이 돼야 시험에 응시할 자격을 얻는다. 최근 승선 경력의 하한이 3년으로 변경돼 항해사들 사이에 더 큰 인기를 얻고 있다.

내가 만난 도선사 중 인상 깊은 도선사 두 분이 있다. 첫 번째 선박은 사우디아라비아에 반복해서 기항했다. 영국 도선사가 배에 올라와 도선을 했다. 키도 크고 미남에 도선도 아주 멋지게 했다. 그 큰 선박을 무리 없이 부두에 잘 붙이고 매너도 좋았다. 무엇보다 칭찬을 잘했다. 내가 한창 영어를 배울 때 방송에서 익힌 제법 고급인 영어 단어를 쓰면 그가 "어디서 그런 고급 영어를 배웠느냐" 하면서 나를 예뻐해 주고 선장에게 3항사가 아주 우수하다고 말해 주었다.

한번은 선박이 한국에서 미국 동부로 항해하며 파나마운하를 통과해야 했다. 당시 선장님이 파나마운하에서 도선사로 근무 중인 자신의 동기생이 올라오면 좋겠다고 말씀하셨다. 놀랍게도 그 선배 도선사님이 정말 우리 배에 올라와서 도선을 하셨다. 당시 파나마운하는 미국이 운영하던 곳이었다. 그 선배님은 한국에서 선장을 하시다 미국으로 이민을 간 뒤 미국 선장 자격을 취득하고 그 어려운 파나마 도선사시험에 선발된 것이다. 이때가 1985년경이다. 한국 선장이 파나마운하 도선사가 되어 파나마운하를 통과하는 전 세계 선박의 도선을 해준다니, 세계로 뻗어나간 선배 해운인이 계시다니! 그는 당시 우리 젊은 해기사들에게 선망의 대상이자 바다의 전설로 회자되었다.

나도 도선사를 꿈꾸지 않은 것은 아니었다. 고향에서 가까운 곳이 큰 항구라서 도선사들이 있다. 그래서 선장 경력 5년을 쌓은 뒤 도선사 시험을 통과해 도선사가 되면 집에서 출퇴근하면서 고향을 지킬 수 있을 것으로 보았다. 그렇지만 중도에 하선해 학문의 길로 접어들었다. 사람들이 물어본다. "왜 그 좋은 도선사를 하지 않았느냐"고. 나는 답한다. "비록 도선사는 아니지만 도선사 시험 출제위원을 하면서 수십 명의 선장을 도선사로 배출했으니 도선사보다 나은 것 아니냐"고.

나는 이렇게 가보지 못한 길에 대해 아쉬움을 달래며 스스로 위안을 삼는다. 300명 남짓한 우리 도선사들의 안전 도선과 해외 진출도 기대한다. (2020.8.14.)

▶ 한국해양대학교 3학년 시절

▶ 친구 한기철 도선사

37
살충제의 추억

　처음에 배에 올랐을 때 생소한 단어가 'deratting'이었다. 외국에 입항하면 선박에 쥐가 없다는 사실을 선장이 확인해주어야 입항이 가능하다. 외국의 쥐가 선박을 통해 자국에 유입되는 것을 방지하고자 입항 국가는 선박 내 쥐가 모두 박멸되었다는 것을 의미하는 '구서증서(驅鼠證書, deratting certificate)'를 요구했다. 부두와 선박을 묶어주는 밧줄 위에도 타원형의 철판이 덮인 것을 볼 수 있는데, 쥐가 밧줄을 타고 넘어오지 못하도록 하는 장치다.

　선박은 외롭게 바다에 떠다닌다. 쉽게 구원을 요청할 수 없다. 그렇기 때문에 배 안에서 모든 것을 처리하지 않으면 안 된다. 선원들이 아프면 어떻게 될까? 의사가 타고 있으면 좋겠지만, 그렇게까지 할 수 없다. 항해사들이 최소한의 위생 지식을 습득할 수 있도록 위생 관련 자격을 취득하게 한다. 3등 항해사가 그 담당 사관이다. 3등 항해사는 선박에서 작은 병원의 책임자이기도 하다.

　갑자기 작업을 하던 선원이 크게 다쳤다고 선내 병원으로 왔다. 상처 부위가 커서 다섯 바늘 정도 꿰매주어야 빨리 나을 것 같았다. 망망대해에서 진짜 병원의 의사를 찾아갈 수도 없는 노릇이었다. 담당 항해사인 나는 기억을 더듬어가면서 수술도구를 찾았다. 수술용 바늘은 반달 모양이라서 상처 부위에 집어넣어 실을 빼 올리기가 쉽게 돼 있었다. 어렵지 않게 꿰매주었고, 일주일이 지나서 실밥도 끊어주었다. 막 선박에 승선한 애송이 3등 항해사가 어떻게 수술까지 할 줄 아느냐고 칭찬이 자자했다. 모두 해양대에서 배운 결과물인 것을 …. 평생 처음이자 마지막 초보 수술을 한 추억이다. 마치 의사가 된 듯 으쓱한 기분을 느꼈다.

1등 항해사 시절에는 참으로 쥐구멍이라도 찾고 싶을 정도로 실패한 경험이 있다. 선원들은 항해 중 밥을 먹어야 하고 쌀이 필요하다. 미국 서부 쌀이 좋아서 미국에 들어가면 선장은 쌀을 잔뜩 구입해, 쌀 포대를 선내 창고에 쌓아 둔다. 어느 날 사주장이 와서 벌레가 쌀 창고에 날아다닌다고 하면서 쌀 포대에서 나오는 것 같다고 했다. 어떻게 하면 좋겠냐고 하니 선박에 있는 살충제를 창고의 허공에 뿌릴 것을 제안했다. 나는 그대로 실행에 옮겼다. 보름쯤 지나서 사주장이 헐레벌떡 찾아와서는 "큰일 났다"고 한다. 밥을 지었는데 기름 냄새가 나서 먹지를 못하겠다고 한다. 아뿔싸, 보름 전에 뿌린 살충제에 포함된 기름 성분이 쌀 포대에 스며들어 기름 냄새가 나는 것이었다. 제일 아래 쌀 포대의 쌀은 괜찮을 것 같아서 그것으로 밥을 지었다. 그런데도 불평이 들어왔다. 선원들의 불평이 가중되었다. 밥 끼니마다 조마조마했다.

선장님에게 1등 항해사인 내가 불찰로 살충제를 뿌렸는데 그 여파로 기름 냄새가 쌀에 스며들어서 그런 것 같다고 보고했다. 영향을 받은 쌀 포대는 폐기 처분을 하고 회사에 끼친 손해는 내가 책임을 지겠다고 했다. 선장님이 일을 잘하려다가 그렇게 된 것을 그렇게 할 수는 없다고 하면서 나를 안심시켜주었다. 쌀벌레는 사라졌지만 쌀을 못 먹게 만들고 말았다.

선장이나 부선장인 1등 항해사는 모든 것을 잘 알고 만물박사가 되어야 한다는 말이 실감이 났다. 회사에 사후 보고를 했다. 이런 경우에는 살충제를 사용하지 말도록 전 선박에 '사고 보고'를 보내 달라고. 이렇게 선원들 간의 경험이 공유되고 바다의 지혜가 쌓이면서 유사 사고를 예방할 수 있다. (2020.9.4.)

38
리더십의 상징, 선장

조직의 수장을 흔히 '선장'에 비유한다. "선장으로서 이 위기를 잘 극복하겠다. 저도 여러분과 같은 선원의 한 사람으로 생사고락을 함께하겠다"와 같은 것이다. 선장은 조직을 이끌고 위기탈출을 주도하는 리더십의 상징이라는 인식이 공유되고 있다.

과거 여왕으로부터 항해의 명을 받은 선장이 선원들을 통솔해 숱한 죽을 고비를 넘기고 미지의 대륙에 도착한 경우 그 선장은 총독이 되었다. 큰 재산과 선원들을 책임지고 항해의 임무를 완성해야 하니 교양과 리더십을 갖춘 자만이 선장으로 임명됐다. 멀리 있는 선장에게 국왕이 지시할 수 없었으니 선장은 독자적으로 판단해서 결정을 내릴 수밖에 없었다. 안전을 해치는 선원에 대한 생살여탈권도 선장에게 있었다. 여기서 권위가 생겨났다. 선박 연료유를 공급받거나, 하역회사를 정하거나 심지어 운송계약도 선장이 결정할 때가 있었다. 무엇보다 자신과 함께할 선원들은 선장이 선정하도록 권한이 주어졌다. 그러나 지금은 모두 선박회사 본사에서 선원을 정해서 선장에게 통보하는 형식이다.

통신수단의 발달 때문이다.

우리나라에서 미국 서부로 오고가는 항로는 두 가지다. 하나는 항정선(rhumb line) 항해로 위도 36도선을 따라 나란히 항해하는 형식이다. 다른 하나는 대권(大圈) 항해다. 사과에다 위아래 두 지점을 정하고 그 두 지점과 사과의 중심이 함께 지나도록 잘라 본다. 그때 두 지점에 그려지는 선이 대권이다. 이렇게 항해하는 것이 최단거리지만, 알래스카 주변까지 올라가므로 날씨가 나빠서 배는 흔들리고 힘이 든다. 선장들은 항상 고민에 빠진다. 항정선 항해로 3일이 더 걸리지만 편하게 갈 것인지, 아니면 빠르기는 하지만 힘든 대권항로를 택할지.

▶ 알래스카 유니막섬(Unimak Island)에서 시살딘(Shisaldin) 화산(2,856m)의 눈 덮인 모습 (1984.10.15.)

▶ Sanko Antares호를 타고 대권항로를 택해 유니막 패스를 할 때

선박 임차인(정기용선자)이 선장에게 대권항로로 미국 서부에서 일본으로 가라고 지시했다. 선장은 항정선 항해를 택했다. 운이 나빠서 오히려 저기압을 만나 1주일 늦게 도착했다. 임차인은 선장이 자신의 지시를 따르지 않아서 추가된 일주간의 선박사용

료 감액과 기름값에 대한 배상을 청구했다. 선주와 선장은 항로 선정은 선장의 재량사항인데, 임차인이 왈가왈부할 사항은 아니라고 항변했다. 최종적으로 영국 대법원은 임차인의 손을 들어주었다. 항로 선정의 결과에 따라 항해할 시간이 더 걸리는 문제가 발생하므로 시간에 따라 임차료를 지급하는 임차인(정기용선자)이 이를 결정할 사항이라고 보았다. 항로 선정도 이제는 선장의 재량으로 결정할 사항이 아니게 됐다. 500년 전 대항해시대의 선배 선장들로부터 내려오던 항로 결정권을 선장들은 이제 잃어버리게 됐다. 발달하는 태풍의 진로를 예상해 피항을 결정해야 하는 선장, 급박한 충돌의 위험에서 뱃머리를 어디로 돌려야 할까 결단을 내려야 하는 선장, 싸움꾼인 선원을 어떻게 말썽 없이 하선 조치시킬 것인지 고민하는 선장, 수천억 원의 선박과 화물을 싣고 미지의 바다를 항해해 목적지에 도착해야 할 책임을 수행하는 선장, 수출역군으로 애국심이 가득한 선장, 가족과 떨어져 자기를 희생하면서 온 가족의 생계와 교육을 책임지는 선장.

선장은 언제나 위기에서의 결단과 책임감, 희생정신과 애국심이 함께하기 때문에 국민들로부터 리더십의 상징으로 회자되는 것은 아닐까. 선장이 대한민국 청소년들이 자라면서 꼭 해 보고 싶은 직업 중 하나로 자리 잡기를 소망한다. (2020.9.25.)

39
바다가 알려준 '리더의 길'

　네덜란드 로테르담에 입항했다. 당직사관을 남겨두고 선원들은 상륙했다. 그렇지만 그 좋다는 로테르담에 왔으면 시내 구경을 한번 하는 것이 선원들의 권리이자 행복 그 자체이다. 하역 담당 총책임자라서 망설이는 1등 항해사에게 3등 항해사였던 나는 "1항사님 걱정하지 마십시오. 제가 당직 근무를 잘 서겠습니다" 하고 말했다. 당직을 서던 나는 긴급보고를 받았다.

　선박과 부두를 이어주는 갱웨이가 망가졌다. 고조(高潮)가 되자 바닷물의 수위가 높아져서 선박과 부두의 편차가 줄어들자 이보다 길게 설치되어 있던 갱웨이가 그만 쪼그라든 것이다. 현장에서 갱웨이의 길이를 줄이면 될 일이었는데 당직선원이 실수한 것이다. '걱정 마십시오'라고 말한 내가 1등 항해사를 볼 면목이 없었다.

　선박에서 부선장 격인 1등 항해사의 역할은 규율부장이다. 선원들이 질서정연하게 생활할 수 있도록 규율을 만들어 집행해야 한다. 일정한 규율이 없으면 선원들이 밤새 게임을 하기 때문에 다음 날 업무에도 지장이 있다. 그래서 보통 오후 10시까지만 게임을 할 수 있다.

평소 게임 구경만 하던 내가 어느 날 게임에 들어갔다. 시간은 10시가 되었다. 그만두어야 하는데 규율반장이었던 내가 오락 시간을 연장한다고 선언하면서 게임을 더 했다. 11시까지 하고 그만두기는 했지만, 다음 날 나는 내가 권한을 가지고 있으면서도 스스로 선내 규율을 깨뜨린 것을 깨달았다. 1등 항해사가 규율을 만들어 집행하겠다고 공고한 것을 스스로 깨뜨린 것이다. 나의 명령을 스스로 허언으로 만든 것이다. 지금도 그때를 생각하면 얼굴이 화끈거린다. 그 일을 나는 아직도 큰 교훈으로 삼는다.

태평양을 건너올 때였다. 태풍을 만날 때 바람이나 파도에 이기려고 대들면 안 된다. 뒷바람을 받으면서 항해하다가 바람이 잦아들고 이어서 파도가 잔잔해지기를 기다려야 한다. 대자연 앞에서 인내를 배우는 것이다. 뒷바람을 맞으면서 항해하다 보니, 진행 방향은 오히려 미국 쪽이 되어버렸다. 이 배의 방향을 언제 일본으로 돌릴지가 큰 관심사였다. 함부로 뱃머리를 돌리다가 횡파를 만나면 선박이 전복할 위험이 있다. 다시 파도를 맞이하기 전에 선박이 180도 돌아야 되는 모험을 해야 한다.

나는 초시계를 활용했다. 파의 주기가 30초 이상이 된다. 선장에게 배를 서쪽으로 돌려도 되겠다고 보고했다. 선장이 "그러면 어디 배를 돌려 봐" 하고 허락했다. 나는 깊은 숨을 쉬었다. 그리고 "타, 왼쪽으로 30도"를 명했다. 동시에 나는 쌍안경으로 파도의 방향을 주시했다. 60도 정도 돌아갔나 싶을 때 선장이 "3항사 안되겠다. 타 제자리로 하라"고 다급한 명령을 내렸다. 경험 많은 선장이 우리 배가 큰 횡파를 맞을 것으로 판단한 것이다. 길고 높은 파도가 우리를 향하고 있었다. 아찔했다. 선박을 얼른 제자리로 돌렸다. 하루 뒤 파도가 더 잔잔해졌을 때 안전하게 배를 180도 돌려 일본으로 향했다. "이제 배를 서향으로 해도 되겠다"고 한 말이 허언이 되고 말았다. 허언이 되어버린 일들을 복기하여 반성하면서 나는 리더십의 상징인 선장직을 향해 나아갔다. (2020.10.16.)

40
다양하고 까다로운 화물 손님들

선장이 1등 항해사인 나에게 "물을 싣고 남태평양의 작은 섬에 가야 한다"고 말했다. 식용수를 운송한다는 것이 믿기지 않았다. 태평양의 작은 섬들은 물이 나지 않는다. 나는 선원들을 데리고 선창을 깨끗이 청소하고 식용수에 닿아도 문제없는 페인트를 칠했다. 식용수를 싣게 되면 선창에 가득 실어야 한다. 선창의 절반만 싣게 되면 위험하다. 배가 기울어지면 물이 모두 기울어진 곳으로 밀려서 배가 전복될 우려가 있다.

원유를 싣는 선박에도 승선했다. 미국과 사우디아라비아는 걸프만에서 사막을 지나 홍해에 면해 있는 사우디 지다에까지 원유를 이동시키는 파이프라인을 건설했다. 걸프만이 봉쇄되어도 원유 공급을 원활하게 하기 위해 지다에 기름 저장고를 설치한 것이다. 걸프만에서 사우디 서부의 얀부항까지 일주일에 한 번씩실어 날랐다. 원유는 외부로 유출되면 유류 오염 등 큰 피해가발생한다. 식용수는 바다에 배출되어도 오염의 문제가 전혀 없다. 식용수 운송은 비교적 안전한 운송인 셈이다.

재즈로 유명한 미국 뉴올리언스에서 식용유용 옥수수 3만 t을 싣고 한국으로 왔다. 항해는 순조로웠다. 그런데 옥수수가 손상되어 손해배상청구를 받았다. 선박에는 추진력을 내기 위한 선박 연료유가 필요하다. 선박의 선창 아래 구획을 만들어 이를 저장해 둔다. 이를 항상 따뜻하게 유지하기 위해 열기를 가한다. 그 위에 놓인 옥수수가 온기에 싹이 터 버린 것이다. 바다에서 항해 중이었음에도 따뜻한 대지의 품속인 양 옥수수가 착각해 머리를 살며시 내밀어 버린 것이다. 옥수수를 나무랄 수도 없다.

원목을 실으라 하면 긴장부터 된다. 벌목을 한 수출자는 원목을 다발로 만들어 미국 컬럼비아강을 따라서 하구인 롱뷰항으로 보낸다. 뱃전에 원목을 띄워두고 한 다발씩 배에 싣게 된다. 마지막 날이 중요하다. 하루 전 1등 항해사는 선적을 중지하고 얼마를 더 실을지 계산한다. 갑판 위 높은 곳에 원목이 놓이기 때문에 무게중심이 위로 가서 선박 전복 사고가 발생하기 쉽다. 겨

▶ 산코라인 원목선. 산코라인 원목선 주위에 원목 다발이 보임.

울에 알류샨열도를 지날 때면 선박의 앞쪽을 때리는 파도가 남긴 물들이 얼음이 되어 갑판상의 무게를 더하게 된다. 무게중심은 더 위로 올라와 선박이 전복될 위험이 더 높아진다. 선장은 아주 조심스럽게 항해해야 한다. 횡파를 절대 맞으면 안 된다. 지금도 아찔하다.

선장이 회사로부터 'COW 가능한가'라는 전보를 받았다. 선장은 우리 배 같은 유조선으로 어떻게 소를 운송하느냐고 중얼거렸다. 선장은 "본선은 유조선이라서 가축은 운송할 수 없다"고 답을 보냈다. 회사에서 바로 답장이 왔다. "Crude Oil Washing (COW)이 가능한가." 그제야 선장은 COW가 원유로 선창을 소제하는 방법임을 알았다. 선장은 "우리 배는 아직 그런 장치가 없다"고 답을 했다. 실제로 소를 운송하는 가축운반선을 가끔씩 바다에서 만나기도 하기에 선장이 완전히 틀렸다고 할 수도 없다. 이렇게 다양한 화물을 안전하게 보관하여 운송하는 방법을 배우면서 우리는 진정한 바다 사나이가 되어 갔다. (2020.11.6.)

41
좌절과 영광의 바다

바다 경력 60년. 누구보다 바다 관련 에피소드가 많다. 20세에 해양대에 입학했으니 그때부터 40년이다. 우리 집의 가업이 수산업이었다. 수산업을 그만둔 때인 초등 4학년까지는 선주의 손자로서 이런저런 바다 관련 체험을 많이 했다. 초등 4학년부터 20세까지는 아버지가 어선에 페인트칠을 하셨다. 아버지를 도와 100척 이상의 어선에 페인트를 칠했으니 분명 바다 경력이다.

'통통통통' 기관 소리가 멀리서 들린다. 새벽 4시경이다. 어른들은 어판장으로 나가셨다. 날이 밝아지면 화장이라는 사람이 큰 상자를 하나 들고 집으로 들어온다. 상자에는 그날 어획한 대표적인 생선이 들어 있다. 대구, 꽁치, 새우, 물가자미, 도루묵 등이다. 대구가 배달되는 날 가족들은 대구는 하나도 버릴 것이 없다며 좋아하셨다. 대구탕을 시원하게 해 먹었다. 아가미젓, 알젓, 창난젓도 만들었다.

'보링구'와 '자다'라는 말이 무슨 의미인지 궁금했다. 기관실에 있는 기관을 뜯어서 주기적으로 철공소에서 수리를 할 때 어른들이 '보링구'를 한다고 말했다. 어선 한 척을 1년간 '자다'해 온다고 했다. 해양대에 다니면서 보링구는 보링(boring, 기관의 피스톤 청소), 그리고 자다는 차터(charter, 배를 빌림)의 일본식 발음임을 알게 되었다. 어선에 페인트를 칠하면서 아버지는 유독 선박의 측면 중간의 선(線)을 중심으로 주의 깊게 페인팅을 했다. 이 선은 선박이 최대로 잠길 수 있는 흘수선이다.

7세 때 어선을 직접 타고 바다로 나가기도 했다. 배가 얼마나 흔들리는지 멀미가 났다. 배를 처음 타는 사람은 상선에서도 선수에 나가 있도록 한다. 이렇게 흔들리는 경험을 하고 나면 다음부터는 멀미가 나지 않는다. 그 덕인지 해양대 실습 기간에 실습선이 너무 흔들려서 모두 멀미를 했지만 나 혼자 멀쩡했다. 강인하다는 인상을 동기생들에게 남겼다. 모두 가업인 수산업 덕분이었다.

우리 집은 25년간 수산업에 종사하다가 도산했다. 초등학교 1학년 때 있었던 어선 대경호 좌초 침몰사건이 결정타였다. 매일매일 만선의 꿈을 꾸었지만 우리 배는 매번 허탕을 치고 돌아와 그 꿈이 허망한 것임을 알려주었다. 아버지는 "수산업은 재산의 30%만 투자해야 한다. 바다 밑은 알 수 없으니 다른 사업과 반드시 같이 해야 한다"는 교훈을 나에게 남기셨다. 그 덕분에 나는 해운회사의 포트폴리오(분산투자)를 눈여겨보는 안목이 생겼다. 수산업에 실패한 후 13명의 대가족이 살아가기가 막막했다. 아버지는 어선에 페인트칠을 하기 시작했고, 아들은 돈벌이가 좋다는 해양대에 진학했다. 부자(父子)가 바다에서 재기의 길을 찾은 것이었다.

바다는 좌절과 안타까움을 의미한다. 그렇지만 영광의 원천이기도 하다. 1945년 조부님이 어선 한 척과 함께 귀국해 고향에서

수산업을 시작하면서 바다로부터 영광이 시작되어 20년간 지속
되었다. 나의 자부심의 상징인 선장 타이틀도 바다로부터 왔다.
줄곧 해상법을 연구하고 강의하며 결코 바다를 떠나지 않았다.
나는 60년간 바다와 함께했고 앞으로도 그럴 것이다. 바다는 내
가 있도록 운명지어진 자리이기 때문이다. (2020.11.27.)

▸ 어선 선수에서

▸ 페인트칠이 된 어선 모습

42
바다에서 만난 횡재와 악재

　해구를 잡았다. 선주의 몸보신용으로 바치려고 높은 곳에 달아서 말리는 중이었다. 그런데 해구가 없어졌다. 야단이 났다. 도저히 누가 범인인지 찾을 수가 없었다. 보름 정도 지나자 원로 선원 한 명의 머리카락이 일부 하얗게 변했다. 많은 사람들이 그를 의심했다. 그는 결국 해구를 먹었다고 실토했다. 해구를 먹으면 남자들의 정력에 도움이 된다는 낭설이 바다에는 떠돈다. 그런데 잘못 먹으면 머리카락에 이상 반응이 나타난다.

　나는 다른 이유로 해구 때문에 손해를 보았다. 중국에 입항하자, 미국에서 실은 원목 위에 해구 한 마리가 발견됐다. 콜럼비아강에서 원목 작업 시 인부들이 죽은 해구를 우리 배에 실었던 것이다. 중국 당국이 위생법 위반으로 상당한 금액의 벌금을 부과하는 바람에 내가 납부해야 했다. 원로 선원에게 해구는 횡재였을지 모르지만 나에게는 불운이었다.

　황당한 일이 또 있었다. 아프리카에서 선원이 술집에 가서 술을 마시고 선박으로 돌아왔다. 경찰이 따라 선박으로 왔다. 그를 체포해야겠다고 했다. 술집에서 폭행했다는 신고를 받았다는 것이었다. 선원은 절대 그런 일은 없었다고 했다. 그는 경찰서로 연행되었다. 곧 출항해야 했다. 갈 길이 바쁜 선장은 보석금을 주고 선원을 풀어서 데리고 왔다. 선원의 선상급을 그만큼 깎았다. 선원은 선장에게 강하게 항의했다. 자신이 잘못을 하지 않았는데 왜 합의금을 주었냐는 것이었다. 선장은 "당신을 외국에 남겨두고 우리만 출항해야 했느냐"고 했다. 떠나야 할 일정이 있기에 따질 겨를도 없어져 억울하다. 바다 사람들이 감내해야 할 운명이기도 하다.

선박의 연장을 도난 당하고 동일한 것을 사야 하는 일을 당하면 참으로 황당하다. 로프가 몇 다발 없어졌다. 법정 부속이라서 이것이 없으면 출항을 할 수가 없다. 동일한 것을 살 수도 없어 안절부절못했다. 출항에 임박하여 현지 대리점이 우리 배의 로프를 보여주더니 상당한 돈을 주면 팔겠다고 했다. 울며 겨자 먹기로 우리 것을 돈을 주고 회수한 다음 출항에 나섰다. 그 항구를 떠나면서 허공에 대고 저주를 퍼부었다.

바다에는 이렇게 불운만 있는 것은 아니다. 원목선에서 횡재를 한 적도 있다. 같은 화주의 원목을 반복해 실어주었다. 화주 감독이 나를 부르더니 그동안 고생했으니 선물을 주겠다고 했다. 그가 지름 2m에 두께가 1m 정도 되는 원목 뿌리를 건넸다. 그는 옹이나무(그루터기)라고 하면서 한국에 가져가면 비싸게 팔 수 있다고 말했다. 고참 선원이 나에게 말했다. "1항사님, 고기 굽는 집에 가면 식탁용으로 사용하는 것입니다. 하나에 200만 원은 족히 받습니다"라고 했다. 5개이니 합이 1,000만 원이다. 10명의 갑판부 선원과 나누면 각 100만 원가량의 용돈이 생긴다. 대만에 들어갔다. 개당 200만 원에 팔아서 선원들과 나누어 가졌다. 1등 항해사인 나의 인기가 절정에 달했다. 개선장군처럼 환영을 받으면서 나는 하선하여 즐거운 휴가를 가졌다. 이런 예상치 못한 즐거움이 있으니 바다 생활은 견딜 만했다. 그래서 휴가를 갈 때에는 "이제 바다생활은 마지막"이라고 각오를 다지지만 휴가를 마치면 다시 바다가 그리워진다. (2020.12.18.)

43

육지에선 경험할 수 없는 일

　새벽 4시 당직이 종료되었다. 잠을 청하려고 하는데 요란한 벨소리가 울렸다. 1등 기관사가 보이지 않는다는 것이었다. 온 배를 다 뒤져도 그는 없었다. 배 위 뒤편에서 그의 슬리퍼 한 짝이 발견되었다. 3일간 컬럼비아강 입구에서 수색작업을 벌였지만 성과는 없었다.

　미국 북서부 워싱턴주 컬럼비아강 하구에 롱뷰라는 항구가 있다. 부두에 배가 붙자 일단의 한국 여성 5명이 선박에 올라왔다. 동포들이 그리워서 찾아왔다는 것이었다. 사는 곳도 타코마, 시애틀, 포틀랜드 등 다양했다. 우리 선원들도 동포들을 이국에서 만나자 반가워서인지 금방 친해졌다. 우리 배는 다시 롱뷰에 기항했다. 다시 그녀들이 올라왔다. 맛있는 반찬도 가져왔다. 이렇게 여러 차례 반복했다. 선원들과 그녀들은 친구처럼 되었다. 다음 항차는 미국 동부로 가라는 항해 지시를 선장이 받은 상태였다. 이제는 다시 보기 어려울 것이라면서 아쉬워 손 흔드는 그녀들을 보면서 배는 출항했다. 어느 유행가 가사처럼 남자들과 여자들은 그렇게 헤어졌다. 그날 밤 실종사건이 발생한 것이었다.

사고 뒤 항차가 변경되어 우리 배는 다시 롱뷰에 들어갔다. 다시 만난 그녀들은 1등기관사의 실종을 안타까워했다. 3년 뒤 나는 다른 배를 타고 미국에 입항했다. 실종된 그가 미국 어느 항구에서 한국 여성과 가게를 차렸다는 소문을 들었다. 그와 통화가 됐다. 반가웠다. 죽은 줄 알았던 동료가 살아있다니. 그날 밤 컬럼비아강을 따라 항해할 때 그는 배 뒷전에서 뛰어내려 헤엄쳐 육지로 갔다. 그리고 애인이 된 그녀의 집에서 얼마간 숨어 지냈다는 것이다. 그 시절 선원들은 육지가 그리워 가끔 이런 비난받을 짓을 하곤 했다.

▶ 컬럼비아강의 롱뷰 근처

▶ 컬럼비아강을 가로지르는 다리를 배경으로

반대되는 일도 있다. 돼지 이야기이다. 선박이 돼지를 화물로 운송하는 이야기는 아니다. 출항 시 탈주자가 선박에 숨어 화물과 함께 외국으로 밀항하는 경우가 있다. 그 탈주자를 속어로 '돼지'라고 부른다. 출항 시 선박을 샅샅이 뒤져 돼지가 있는지 확인하고 확인 결과를 로그북에 기록해야 한다. 위의 실종사건은 선원이 한 사람 없어지는 일이지만, 돼지사건은 사람이 늘어나는 것이다. 나는 운이 좋아서인지 돼지사건을 한 번도 경험하지 않았다.

새로운 배에 올라갔더니 교대할 선장이 휴가를 안 간 지 5년이 되어간다는 것이었다. 송출선이라고 해도 계약상 10개월이면 휴가를 얻을 수 있다. 그리고 2개월 정도 휴가를 보낸 다음 다른 배에 타게 된다. 그런데, 이 선장은 항구에서 바로 다른 배에 승선한다는 것이다. 충돌사고가 나서 책임을 질 일이 있어 우리나라에 귀국하지 않는다고 했다. 그때는 의아했다. 법대에서 형사소송법 공부를 하면서 짐작하게 됐다. 그 선장은 바다에서 떠돌아다니면서 공소시효가 지나가기를 기다리고 있었던 것 같다.

육지에서는 경험할 수 없는 이런 일들이 바다에선 왕왕 일어났다. 이런 이야기들이 선원들의 입을 통해 이 배 저 배로 전달되었다. 그 사연에 안타까워하기도 하고 웃기도 하면서 선원들은 육지로 돌아가는 휴가를 기다렸다. (2021.1.8.)

44

북태평양 바다와 싸우다

고향 동해안 죽도산 뒤로 돌아가 넓은 바다를 바라보곤 했다. 어른들은 물질을 하다 보면 북태평양이 나온다고 했나. 북태평양을 항해하고 싶었다.

해양대를 졸업하고 드디어 세 번째 배에서 진짜 고대하던 북태평양을 건너게 되었다. 북태평양이라고 다른 대양과 다를 것은 없었다. 그런데 항해 내내 해도를 사용할 수 없었다. 해도는 항해자들에게 길을 가르쳐 주는 역할을 한다. 북태평양은 섬이라고는 없는 깊고 깊은 바다이니 해도에 나타낼 것이 없다. 그래서 해도 대신 플로팅 시트라는 백지를 활용한다. 밤에는 달과 별, 낮에는 태양을 잡아서 선박의 위치를 나타낸다. 4월에는 안개가 많이 낀다. 일본을 떠나면서 열흘 이상 안개가 자욱하다. 우리 위치가 어디인지 정확히 알지 못한다. 학교에서 배운 지문항해와 천문항해가 무용지물이다. 그야말로 까막눈 항해를 하는 것이다. 1980년대 초반에는 위성항법이 나오지 않아서 이런 항해를 했다. 지금은 위성위치확인시스템(GPS)을 활용해 위도와 경도가 바로 나온다.

북태평양의 겨울 날씨는 너무나 험악하다. 저기압이 발생해 북위 40도 근처로 일본에서 미국으로 이동한다. 미국으로 건너갈 때에는 저기압의 아래에 위치해야 뒷바람을 받으면서 편하게 갈 수 있다. 원목을 가득 싣고 우리나라 쪽으로 건너올 때가 겁난다. 원목선은 갑판에 원목을 가득 싣기 때문에 복원성이 나쁘다. 그런데, 알래스카를 지나면서 뱃전을 때리는 파도가 원목에 부딪치면서 얼음이 되어 무게를 가중시킨다. 무게중심보다 훨씬 높은 곳에 무게가 가해지기 때문에 복원성은 더욱 나빠진다. 여기에 저기압을 앞에서 만나게 되면 위험천만이다. 저기압은 지구의 자전 때문에 항상 동쪽으로 이동한다. 우리 배는 서쪽으로 항해한다. 저기압의 바람은 중심을 향하여 반시계 방향으로 불어간다. 따라서 저기압의 중심보다 항상 위에 있어야 뒷바람을 받을 수 있다. 이렇게 저기압과 자리 잡기 싸움을 며칠 동안 해야 한다.

대항해시대 선장들은 북쪽으로 올라가서 항해하면 최단거리 항해가 된다는 것을 발견했다. 항공기가 택하는 대권항법이다.

▶ 해도실에서 항로 선정

우리 배는 알래스카를 향해 올라가서 알류샨열도를 따라 내려온다. 저기압이 더 북쪽으로 향해 오면 우리 배도 더 북쪽으로 올라가야 한다. 한번은 너무 올라가서 러시아의 알류샨열도로 들어갔다. 당시 대한항공 피격 사건 이후라서 러시아에 나포되지 않을까 상당히 긴장했었다.

파도를 옆에서 받자 선박이 오른쪽으로 5도 이상 기울었다. 횡파를 한 번 더 맞으면 배는 전복될 위기 상황! 선원이 선교에 총집합했다. 선장도 죽음의 그림자 앞에서 벌벌 떨었다. 그러자 경험 많은 갑판장이 슬리퍼를 벗어서 "당신이 무슨 캡틴이냐"며 얼굴을 때렸다. 정신을 차린 선장이 오른쪽에 실린 원목의 상당량을 바다에 버리라고 지시했다. 원목을 버리자 선박은 다시 중심을 찾았고, 우리는 목적항에 무사히 도착할 수 있었다.

원목선을 4척이나 타며 겨울 북태평양의 저기압을 뚫고 항해를 완수했다. 생사의 갈림길에도 많이 섰다. 그러면서 바다에 더 순응할 줄 아는 진정한 바다 사나이가 됐다. 동해안 바닷가 꼬맹이가 동경했던 북태평양 바다는 그에게 최연소 선장 타이틀을 붙여주었다. (2021.1.29.)

45
퇴선 명령과 전화위복

몸이 앞뒤로 흔들리는 통에 잠을 깬 선장은 선교로 올라갔다. "뭐야, 뭐야" 하고 냅다 소리를 질렀다. 좌초 사고였다. 다행히 아직 선창으로 물이 들어오지 않았다. 희망은 있었다. 선주와 선장은 조선소와 연락해 배를 부양할 계획을 세웠다. 시간은 흐르고 구조선의 도착은 늦기만 했다. 선창에는 물이 들어오고 배는 더 가라앉기 시작했다. 선박이 좌초된 지 이틀 만에 선장은 결국 퇴선 명령을 내렸다. 선장으로서는 결코 결단해서는 안 되는 일이었다. 침몰하는 배와 운명을 같이한 선배 선장들의 모습이 눈앞에 아른거렸다. 자신이 책임졌던 선박과 화물을 모두 바다에 버리고 몸만 빠져나오게 되다니. 이런 불명예가 없었다. 엘리트 코스를 밟은 선장으로서는 기가 막힐 일이었다. 선원들은 모두 안전하다는 것이 그나마 위안이었다.

호주 남부에서 귀국할 때까지 1주일이 소요됐다. 너무나 허무하게 끝나버렸다. 기울어진 가세를 일으키기 위해 선택한 국비 해양대의 길이었다. 열심히 그리고 성실하게 살았다. 가세는 점차 회복되고 있었다. 손해배상 문제, 주위 사람들을 어찌 볼 것인지, 32세 선장에게는 모든 것이 막막했다. 300척 선단에서 최고의 1등 항해사로 평가받았던 선장이기에 주위의 안타까움도 컸다. 해도에 나타나지 않은 산호초 위로 배가 항해했기 때문에 발생한 사고였다. 2등 항해사가 해도 개정을 누락해 생긴 일이지만 지휘 책임은 선장에게 있다. 실의에 찬 나날을 보내는 선장에게 회사에서 연락이 왔다. 민사 소송이 제기되었다는 것이다. 선원들의 잘못이 있었지만 마지막까지 최선을 다했음을 입증하는 것이 선장이 해야 할 일이었다. 선장으로서의 마지막 임무를 호주 시드니의 법정에서 수행했다.

선장은 귀국길에 "어떻게 살아가야 할 것인가?"를 고민했다. 김포공항에 착륙하는 비행기에서 큰 영감을 얻었다. 짧은 활주로에서 벗어나지 않기 위하여 기장은 최선의 노력을 다했다. 속력을 줄이기 위해 비행기의 날개를 위로 올려서 바람을 덜 받게 했고 브레이크도 최대한 밟았다. 그렇다. 앞으로 남은 인생은 이런 기장과 같은 자세로 살아가자고 결심했다. 법학을 공부해 불행한 사고를 당한 선원을 도와주고 싶었다. 1년 동안 준비를 거친 다음 석사 과정에 입학했고 그 이후 해상법에 천착했다.

▶ 선장으로서 책임을 다하지 못한 산코 하베스트호

그 사고로부터 꼭 30년이 되었다. '이보다 더 낮은 곳은 없다. 이제는 올라가는 일만 남았다'고 수없이 자신을 격려하고 채찍질하면서 살아왔다. 부끄러운 마음에 주눅이 들었었다. 선주와 화주에게 피해를 주었고, 선장의 명예를 훼손했다. 사고 후 움츠러들었던 자신의 모습이 너무 부끄러웠다. 당당하게 살고 싶었다. 해운업계에 더 많이 기여하기 위하여 남들보다 2배, 3배 열심히 30년을 하루같이 성실한 자세로 새로운 삶을 살아왔다. 어느 정도 좋은 평판도 확보되었다. 이제야 그 선장은 말할 수 있다. 그 사고가 오히려 전화위복이 되었다고. 이 말을 할 수 있기까지 나에게는 30년이라는 오랜 세월이 필요했다. (2021.2.19.)

▸ 변호사에게 보낸 영문 답변서

46
'리더십의 상징' 한번 선장은 영원한 선장

선장이 되려면 갑종선장(1급 항해사)이라는 국가공인면허가 반드시 필요하다. 그리고 1등 항해사 경력이 4년 정도 요구된다. 선박과 선원과 화물을 책임지고 거친 바다들 헤쳐 나가며 항해를 완성할 리더십을 보여줄 때 선장으로 진급된다.

이렇게 얻은 선장직을 뒤로한 채 나는 해상법을 공부하기 위하여 대학원에 진학했다. 당시 상법 교수님 다섯 분 모두 나를 반기셨다. 상법에는 선장은 선주의 대리인이라는 점을 포함하여 선장 관련 여러 규정이 있다. 교수님들은 그런 선장이 학생으로 오니 신기해하며 실무를 물어보곤 했다.

그 뒤 대형 로펌에 취업을 하게 됐다. 선박 충돌, 오염 사고 시 조사를 하고 보고서를 작성할 수 있는 선장 출신이면서 해상법에 대한 소양이 있는 사람을 찾았다고 했다. 나에게 실장이라는 직함을 준다고 했다. 나는 말했다. "변호사님도 변호사 면허를 가지고 법률 서비스를 하는데, 저도 엄연히 유효한 선장 면허를 가진 선장입니다. 맡은 업무도 선장의 일이니 저를 선장으로 불러주십시오." 그렇게 하여 선장으로 불리게 되었다. 사고 조사의 결과를 서면으로 보낼 때에도 'Captain IH Kim'으로 적었다. 선장이라는 직함이 외국의 고객들에게 큰 신뢰를 받았다.

세월이 지나 해상법 교수가 되었다. 교수들이 가르치는 지식 중에는 선장들이 발견한 것이 많다. 15세기까지만 해도 유럽 사람들은 지중해의 끝단인 지브롤터를 벗어나면 낭떠러지라서 죽음을 맞이하는 줄 알았다. 그런데 콜럼버스를 비롯한 용감한 선장들이 죽음을 무릅쓰고 항해에 성공하여 '지구는 둥글다'라는 사실을 입증했다. 공동위험단체를 구성하는 화주나 선주의 어느 한쪽이 선장의 처분으로 희생된 경우 다른 쪽이 그 손해를 분담해 주는 공동해손과 같은 제도도 마찬가지이다. 이런 지식이나 제도를 설명할 때 선장 출신 해상법 교수인 나는 더 자신감에 차 있다.

선장과 교수의 타이틀 중 어느 하나를 선택한 적도 있다. 나는 오스틴 텍사스대의 로스쿨을 다녔다. 졸업할 때였다. 선장, 교수, 박사 등 중에서 어느 것으로 호칭할지 표기를 하라고 했다. 선장이라는 항목이 있는 것이 신기했다. 영미에서는 선장을 그렇게 중하게 여긴다고 하더니 여기가 그렇구나 싶었다. 너무나도 기쁜 마음으로 나는 선장에 표기를 했다. 졸업식 날 단상에 올라가자 사회자가 "대한민국에서 온 김인현 선장입니다. 졸업을 축하합니다"라고 소개했고, 짜릿했다.

나는 명함에 교수와 함께 선장이라는 직함을 붙이고 다닌다. 명함을 받는 상대방은 "학교에 무슨 실습선이라도 있는지요" 하고 묻는다. 나는 "한국해양대를 졸업한 선장 출신입니다"라고 말한다. 그리고 유효한 면허를 유지하면서 정년퇴직을 하면 선장으로 다시 배를 타겠다고 공언하고 다닌다. 한번 선장은 영원한 선장이다. 사람들은 선장 하면 살신성인하는 리더십을 떠올린다.

(2021.3.12.)

▶ 고려대학교 강의실에서

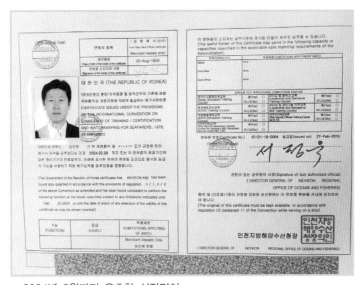

▶ 2024년 2월까지 유효한 선장면허

47

까다로운 파나마 운하의 담수구역

세계적으로 유명한 운하로는 수에즈 운하와 파나마 운하가 있다. 운하는 육지의 두 곳을 바다와 연결해 둔 곳을 말한다. 수에즈 운하를 통과하면 아프리카 남단의 희망봉을 돌아가야 하는 수고를 덜 수 있다. 운하는 항해 기간을 단축하여 해상운송에 편익을 제공한다. 선장 입장에서 보면, 운하는 겨울철 거친 바다를 피해 가게 하는 장점이 있다. 대항해시대부터 양 운하가 개통되기 전까지, 많은 선원들이 아프리카 남단의 희망봉이나 남미대륙의 케이프 혼을 돌아가다가 풍랑을 만나 목숨을 잃었다.

두 번째 배에서 수에즈 운하를 통과할 기회가 있었다. 노르웨이 나르비크에서 대만 가오슝까지 오는 항해였다. 수에즈 운하를 통과하면 36일 걸리지만, 희망봉을 돌아오면 45일이 걸리는 항해다. 이때는 기름값이 아주 저렴했다. 운하통행료가 오히려 비싸다고 수에즈 운하를 통과하지 말고 희망봉을 돌아서 항해하라는 지시를 회사에서 받았다. 아니나 다를까, 희망봉 남단을 지나 침로를 동으로 변경하자마자 풍랑을 만나 호되게 고생했다. 수에즈 운하 생각이 저절로 났다.

해양대학 졸업 후 항해사가 된 나는 선배 선장들의 무용담을 좋아하는 바다 사나이가 됐다. 서양의 콜럼버스, 마젤란, 캡틴 쿡과 우리나라의 신성모 엑스트라 캡틴(전 국무총리 서리), 박옥규 해군참모총장, 이재송 선장과 같은 분들의 얘기는 늘 흥미로웠다. 현직으로 파나마 운하의 도선사로 근무하는 김영화 도선사의 이야기를 들었다. 한국해양대 2기 졸업생으로, 미국으로 이주하여 미국 선장 면허를 취득한 다음 파나마 도선사가 되었다. 미국의 선장 면허를 따서 미국 선장이 되는 것은 경이로운 일이었다. 마침 파나마를 통과할 때 그분이 우리 배의 도선을 위해 올라오셨다. 약 1시간 이상을 같이 선교에서 있었다. 우리 배 선장님과 동기생이셔서 두 분이 옛 추억을 회상하시던 기억이 난다.

파나마 운하에는 담수구역이 있다. 그래서 항해할 때 주의해야 한다. 해수와 담수는 비중이 달라 파나마 운하 밖에서 배의 흘수(물에 잠기는 부분)가 12m라면, 파나마 운하 내 담수구역에서는 12m 15cm가 된다. 즉 배가 15cm 더 잠긴다. 만일 파나마 운하를 선저 접촉 없이 통과하기 위한 수치가 12m 5cm라면, 배는 파나마 운하의 담수구역에서 10cm 더 깊게 내려가기 때문에 통과할 수 없다. 그러면 담수구역을 통과하기 전에 10cm만큼의 화물을 내려야 한다. 큰일인 것이다. 이것을 예상해서 우리나라를 떠날 때 15cm만큼 화물을 적게 실어야 하는 것이다. 경험이 없으면 20일 뒤 파나마 운하를 통과할 때의 이런 장애를 고려하지 못한다. 교과서에도 나오지 않는 이야기라서 선배들의 경험어린 조언을 잘 들어야 한다. 초임 1등 항해사들이 쉽게 범하는 잘못이다.

최근 수에즈 운하에서의 대형 컨테이너 선박의 좌초 사고로 세계가 잠시 멈추었다. 운하와 해운 그리고 선박의 안전운항의 중요성이 새삼 강조되는 사건이었다. (2021.4.9.)

48

사람의 국적, 선박의 선적

첫 배에 승선했다. 선박이 라이베리아 깃발을 달고 있었다. 일본 선주가 실제 소유자라고 하는데 일본이 아니라 라이베리아에 등록됐다고 하니 이상했다. 사람이 태어나면 국적을 얻는다. 우리나라는 혈통주의라서 자식이 부모의 국적을 따른다. 미국은 그곳에서 출생하기만 해도 미국 국적을 부여하는 속지주의다.

선박도 건조되면 행정당국에 등록하고 선적(船籍)을 얻는다. 선박법에 의하면 우리 국민의 소유 선박에 한국 선적을 부여한다. 혈통주의에 비견된다. 우리는 속지주의를 택하지 않아서 우리나라에서 건조되는 선박에 한국 선적을 부여하지 않는다. 미국은 미국 건조 선박에도 미국 선적을 부여한다. 이렇게 선적 부여에는 선적 국가와 선박에 진정한 연결고리가 있어야 한다. 연결고리가 전혀 없음에도 선적을 부여하는 편의치적(便宜置籍)이라는 제도가 있다. 파나마, 마셜제도, 라이베리아가 대표적이다.

유엔 해양법에 의하면 선박과 선적 사이에는 진정한 연계가 있어야 한다. 그런 연계 없이 자국에 종이 회사가 있다는 것만으로도 선적을 부여하는 편의치적선이 세계 외항 상선의 약 70%를 차지하게 됐다. 각국이 이를 사실상 인정하고, 선주들이 이역만리 파나마 등에 배를 등록하는 이유가 무얼까?

선박을 이용하는 해운업은 국제 경쟁이 치열하다. 운임이 중요한 경쟁 요소다. 운송 원가에 선원비가 가장 큰 비중을 차지한다. 각국은 자국 선원 고용을 늘리기 위하여 강제로 승선시키게 하는 선원법을 만든다. 선진국일수록 선원 인건비가 비싸다. 파나마 등에는 선원에 대한 규제가 없다. 저렴한 임금의 외국 선원을 승선시키기 위하여 파나마에 등록하는 것이다. 최근엔 금융의 목적이 커졌다. 선주들은 선박 건조 시 은행으로부터 선가의 80%를 대출받는다. 금융채권 회수를 위해 은행은 선박에 대한 저당권자가 된다. 파나마 등에 등록하면 저당권자인 은행이 더 보호받는다. 그래서 금융권은 선박이 파나마 등에 등록되는 것을 선호한다.

1985년 파나마 선적에 한국 선원들이 탄 우리 배가 중국 친황다오(秦皇島)에 입항했다. 그 당시 우리나라는 중국과 비수교 관계였다. 그런데 중국 정부에서 상륙이 가능하다고 했다. 우리

▸ 만리장성에서

배가 한국 선적이었으면 수교가 없었으니 입항이 아예 불가했을 것이다. 아주 싼값으로 맛있는 점심과 저녁을 먹고 만리장성까지 구경하는 데 10달러도 들지 않았다. 편의치적 제도 덕분이었다.

우리 조선소에서 건조된 선박이 우리나라에 등록할 수 있도록 선박법을 개정해 보자. 그리고 파나마 등 국가가 제공하는 각종 혜택을 담은 특별법이 적용되는 선박등록특구를 서울 한강의 밤섬, 부산의 해운대, 인천의 송도 등에 두자. 그러면 우리는 세계 1위 조선국이라서 단숨에 세계 1위의 선박 등록국이 될 수 있을 것이다. 선박은 우리 법이 적용되는 움직이는 영토이므로 우리의 지배력이 그만큼 넓어지는 효과도 있다. 등록세 등의 수입이 늘어나는 것은 물론이다. 무엇보다 세계 1위가 달성되는 분야가 하나 더 생겨나니 국격이 상승된다. 1석 3조의 효과라고 할 수 있을 것이다. (2021.5.7.)

49
바다의 기인, 그리고 추억

배를 타고 적도를 지날 때 '바다의 신' 포세이돈에게 안전 항해를 기원하는 '적도제(赤道祭)'를 지낸다. 이를 위해 10명 이상이 둘러앉을 크고 둥근 상이 필요했다. 목수 직책을 가진 사람에게 상을 만들라고 했더니 "문제없다"는 대답이 돌아왔다. 배에 있는 여러 가지 목재를 이용해서 만들면 되니까 나도 큰 걱정을 하지 않았다. 연락이 왔다. 낭패라며 목공소에 내려와 보라고 한다. 목공소 안에 들어가니 근사한 상이 하나 놓여 있었다. 그는 울상이 되어 문을 가리켰다. "1항사님, 문이 너무 작아서 이 상을 문 밖으로 꺼낼 수가 없습니다." 사람이 한 치 앞을 내다보지 못한다더니 이런 일도 생기나 싶었다. 시간이 급해 일단 톱으로 이등분해서 밖으로 꺼낸 다음 다시 합쳤다. 지금 생각해도 우습기는 하다. 배라는 공간이 좁다 보니까 벌어진 에피소드다.

첫 배에서 만났던 S 씨는 정말이지 목을 너무 많이 돌린다. 이야기를 할 때 10분에 10번 정도는 돌린다. 상대방이 머리를 자꾸 돌리니 나도 어지러워진다. 그 뒤로는 애써 그의 얼굴은 보지 않고 말을 하게 되었다. 사연을 물어보니 고등학교 때 유도를 하다가 목을 다쳤다는 것이다. 알 만 했다. 한번은 그 버릇 때문에 큰일 날 뻔했다. 도선사가 승선하고 주위에 배들이 많은 상태에서 항구로 입항을 한다. 모두가 초긴장 상태다. 도선사가 S 씨에게 몇 도 방향으로 향하라고 명령했다. 그 명령은 당직사관인 나를 통해서 전달된다. 반드시 복창해야 한다. 갑자기 복창이 없다. 뭐냐고 하니 S 씨는 그 침로의 도수를 잊어버렸다는 것이다. 목을 돌리느라고 그만 잊어버린 것이다. 다시 한 번 도수를 불러 사고는 방지할 수 있었다. 휴가를 가는 그에게 병원 치료를 꼭 받으라고 조언했다.

한번은 출항한 지 30일이 넘어가는 긴 항해 중 사건이 벌어졌다. 너무 긴 항해를 하다 보니 사람들이 지치고 예민해져 있었다. 아침에 일어나니 3등 항해사가 누가 자신을 모욕하는 글을 식당에 붙여 놓았다는 것이다. 같이 내려가 보니 누군가 '3항사 개×이다'라는 글을 크게 적어 식당 게시판에 붙여 놓았다. 선내 규율 담당인 나는 누가 그랬는지 범인을 찾으려고 노력했다. 아무리 찾아도 누가 그랬는지 알 수 없었다. 최종적으로 남은 한 사람은 나이가 환갑에 가까운 분이었다. 찾아가서 물었더니 의외로 순순히 자신이 그랬다고 한다. 하도 어이가 없어서 왜 그랬냐고 물으니, 3항사와 갈등이 있었다고 한다. 그래도 어떻게 어른이 그런 글을 적을 수 있냐고 한 뒤 두 사람을 화해시켰다.

좁은 선상에서 생활하다 보니 선원들은 가끔 이런 기이한 행동을 한다. 선박이라는 좁고 위험한 공간에 갇힌 무료한 항해 중에 많은 일들이 일어난다. 비난할 일도 비난받을 일도 아니다. 이미 30년 전 일들인데도 생사고락을 같이했던 동료들의 얼굴이 또렷하다. 돌이켜보면 순박하고 인간미 넘치는 선원들이 있었던 덕분에 아름다운 추억이 많이 남은 셈이다. (2021.6.4.)

50
바다에서 생기는 눈먼 돈

망망대해를 항해하는 선박에 선원들이 승선하는 이유는 대개 돈을 벌기 위함이다. 한 푼이라도 더 가족에게 보내겠다는 생각에 선원들은 알뜰히 돈을 모았다. 지금 생각하면 거기가 거긴데, 한 푼 더 모으려고 참 많이 민감하게 반응했다. 뱃사람들이란 대개 순진하고 기분파라서 그렇게 알뜰하게 모은 돈을 한꺼번에 생각 없이 막 써버리기도 했다. 또한 반드시 받아야 할 몫을 챙기지 못하는 경우도 있었다.

첫 배에서 일본 여러 항을 기항하는데 일부러 마지막 항에서 내리려고 이리저리 궁리하는 사람을 보았다. 알고 보니 회사가 당시에 근무일수를 1년에서 하루만 넘겨도 휴가비를 두 배나 더 받을 수 있는 제도를 운영했기 때문이었다.

선박에서는 각종 돈이 가외로 생긴다. 영업 비밀인데 한번 털어놓아 보겠다. 한 번은 선장이 찾아와서 내게 몇백 달러를 주었다. 선장, 기관장, 1항사만 나누어 가지는 것이니 다른 선원들에게는 말하지 말고 서명하라고 한다. 직급 옆에 이름이 있고 금액이 적혀 있다. 배를 빌려간 용선자가 화물을 잘 실어줘 고맙다며 보너스를 준 것이라고 했다. 화물을 담당하는 책임자는 1항사인 나인데, 왜 선장이 더 갖나 싶었다. 갑판부 선원들에게 나눠줘야 하는지 좀 궁금했다. 결국 육지에 나가 선원들 술을 사주고 말았다.

갑판부와 기관부의 알력은 골이 깊다. 갑판부는 하역을 담당한다. 철제를 실으면 이를 고정시키기 위한 각재(角材)가 선창에 많이 들어간다. 항해를 마치고 나면 선창에 그런 각재들이 가득 남는데 이것을 모아서 수집상에게 팔면 재미가 쏠쏠하다. 원목을 실으면 원목을 둘러싸는 와이어도 오래되면 갈아야 한다. 교체된 와이어를 사가는 장사치도 있다. 이것도 팔아 갑판부끼리 나눠 가진다. 기관부가 알면 큰일 난다. 나눠달라고 하니까. 기관부 몰래 팔아야 한다. 기관부에는 윤활유를 보급 받을 때 생긴 드럼통들이 있다. 이것을 팔아도 쏠쏠하게 금전이 생긴다. 기관부끼리 나누어 가진다. 갑판부가 알게 되면 배 아파하니, 기관부도 몰래 드럼통을 판다. 피장파장이다.

큰돈은 집으로 가는 봉급에서 만들어진다. 1980년대에는 송출선 봉급이 높은 편이었다. 선장으로 12개월 배를 타면 2,000만 원 정도 모이는데, 당시 서울 은마아파트 20평(약 66m²) 한 채를 살 수 있다고 했다. 그래서 그때 모은 돈으로 부자가 된 선배가 많다.

나도 한 달에 80만 원씩 12개월을 모았다. 휴가를 오면 1,000만 원은 모여 있었다. 시골 고향의 우체국장이 어머니에게 항상 큰절을 했다고 한다. 이렇게 큰돈을 입금하는 사람은 내가 유일했으니까. 1,000만 원에 이자도 상당할 터인데, 통장에 이자가 안 보여서 어머니에게 물었다. "이자는 어디 갔닝교, 어무이."

"내가, 너 봉급 관리해 주는데, 그 정도 이자를 먹지 못하니?" 명답이다. 관리수고비를 드려야 하니까. 그래서 내가 보낸 봉급은 항상 원금만 있었다. 그때는 은행이자가 연 10%도 넘어서 이자를 모아도 큰돈인데 다행히 결혼하지 않았을 때라 모자간에 서로 씨익 웃고 지나갔다. (2021.7.2.)

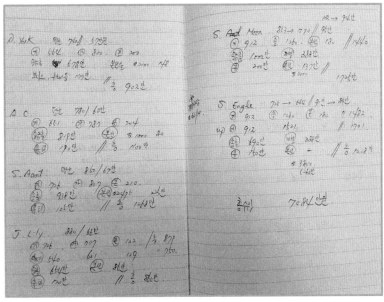

▸ 각 선박에서의 수입. 6척 합계가 7,084만 원임

김인현 교수의 칼럼을 읽고

최광식(고려대학교 명예교수, 전 문공부 장관)

💬 김 교수님! 글을 아주 감칠맛이 나고, 재미있게 쓰시네요. (제18화)

💬 김 교수님! 정말 대단하시네요. 자기에도 이롭고, 다른 사람에게도 이로운 자리. 이타 정신을 몸소 실천하셨네요. 글도 재미있게 잘 쓰시고요. (제23화)

손숙희(수필가, 토벽동인)

💬 김 교수 말대로 재미있는 글이네요. 독자들의 관심과 흥미를 자극할 만한 귀한 체험기입니다. 법학전문대학원 교수가 선장 경력을 갖고 있으니 아무도 흉내 낼 수 없는 고유하고 유일한 소재입니다. 문장력도 있고 감성도 정감이 있으니 앞으로 연재물 인기가 대단할 거요. (제1화)

💬 김 교수님, 잘 읽었어요. 어린 시절의 체험이 뼛속에 녹아, 바다를 운명처럼 가까이하고 평생을 그 범주에서 맴도는가 싶네요. 실패도 하고 성공도 하고. 끊임없이 단련시키는 바다. 삶을 끊임없이 인도해 주는 손길이 보이는 듯. (제41화)

💬 수에즈운하 선박사고 후 김 교수를 생각했어요. 파나마운하 담수구역을 읽으며 학창시절 생각이 났네요. 영덕 오십천 물에서는 뜨지 않던 몸이 포항 북부해수욕장 바닷물에서 30미터 헤엄을 칠 수 있었거든요. 너무 신기했는데 바닷물의 부력이 머리에 쏙쏙. 옛날 생각이 납니다. (제47화)

나종팔(전 한국도선사협회 회장)

💬 승선 중 몇 번씩 겪었던 저승사자와의 조우가 진짜 선원으로 만들었던 것 같네요. ♡♡ (제28화)

💬 한국 사람과 가족들의 목소리를 듣고 싶은 해상생활의 간절함이 새삼스럽

네요. ♡ (제35화)

💬 파나마 운하 통과 이야기를, 수에즈 운하 내 사고로 세계의 이목이 집중된 시점에 맞추어 쉽고 재미있어 좋네요. ♡♡ (제47화)

🔘 **박순애**(집안 애독자)

💬 시작이 너무 굿임🍺 캐리비안의 해적, 석선장, 바다에서 벌어지는 액션드라마... 흥미진진한 전개, 가독성 최고!! 👍👍 (제1화)

💬 어선 스토리가 드라마틱해서 좋네, 다양한 독자들 대상이니... 오징어건조도 그 시절의 풍속도 밀도 있게 그려서 괜찮고... 암튼 그림 그리듯 묘사하는 능력은 탁월함!! 응답하라 1988 같은 드라마 감이군. 그때 그 시절 어촌의 풍속도. 풍성한 스토리 보물창고 옛날 창고에서 하나하나 꺼내서 때 닦고 반짝반짝 윤을 내어서 보석으로 보여주니 김인현이 눈이 보배고 머릿속이 보물창고여~ (제9화)

💬 나라경제가 어려운 시절에 송출선원들이 실질적 애국을 했네. 그늘의 노고와 공로 제대로 평가받아야 함. 역사적으로도 중요한 자료니 잘 정리해서 널리 알려야 할 일이라 생각되네. (제10화)

🔘 **구난희**(한국학중앙연구원 교수)

💬 이번 칼럼도 재밌게 읽었습니다. 감사합니다. 어렸을 때 돛과 닻을 헷갈려 했던 적이 있는데... 닻의 위력이 대단한 거군요. :) (제17화)

💬 이번 글도 재밌게 읽습니다. 인생은 부정기선... 그러나 우리는 정기선마냥 일상반복 중... 갑자기 이런 생각이 떠오릅니다. 부정기선의 매력과 정기선의 요령을 잘 찾아봐야 할 듯합니다. 잘 지내세요! (제27화)

🔘 **김경중**(장군, 육군)

💬 좋은 글 보내주셔서 감사합니다. 선원들은 바다와 늘 전투를 하는군요. 고충이 얼마나 큰지 조금이나마 이해됩니다. 전투나 훈련을 하면 우발계획이라는 것이 왜 필요한지 뼈저리게 느낍니다. 의지가 상충되는 적과 우리

를 전혀 고려하지 않는 기상 및 지형, 능력보다 초과될 수 있는 임무, 그리고 민간인 보호 등등… 많은 요소로 인해 우리 뜻대로 되지 않더라구요. 플랜 C를 준비해야 한다는 것에 매우 공감합니다. 특히 지휘관과 시니어 그룹에게는 더욱 중요하다고 생각합니다. 그것은 그냥 만들어지지 않겠지요. 간절하게 고민해야 좋은 플랜 C가 나온다는 점을 잘 알고 있다 보니 더욱 어렵게 느껴지고 겸허해집니다. 3·1절의 간절함이 오버랩됩니다. (제11화)

👤 민병선(전 동아일보 오피니언팀 담당부장)

💬 독자들이 김 교수님 칼럼을 읽는 이유가 선장이라는 직함 때문입니다. 교수님들은 많지만 독특한 이력이 궁금증을 자아내는 것이죠. 선장은 그대로 가는 게 좋을 것 같습니다. ^^

💬 교수님 칼럼은 언제 봐도 최고입니다. (제23화)

👤 윤 영(수필가)

💬 목숨보다 신용을 소중하게 여긴 520년 전 대선배 선장의 전설과 닻 내리기의 전설이었던 대선배. 먼바다에서 등을 내밀었던 거북이. 그들 앞에 나는 잠시나마 숙연해진다. (제8화)

💬 고생하셨습니다. 독자는 즐겁네요. 낯선 세상의 호기심이 매우 즐겁습니다. 마지막 문단이 압권이어요. 오징어 다리 하나 없으면 도시락반찬 한 줄 알아라는 ㅎㅎ. (제9화)

💬 다시 읽어도 재미있습니다. 배가 용왕님께 절을 한다고 표현하는군요. 그 파도 속에서… 자신을 향한 낮춤이겠지요. 무사하게 해달라는 간절한 염원 같은 거… (제15화)

👤 박영주(후배, 해우랑)

💬 선배님~~ 제가 마치 승선해서 우리나라 선원을 만나고 동기들을 만난 것처럼… 바다에서의 상황들이 영화처럼 그려집니다. 생생하게 전달해 내는

글솜씨가 대단하세요. 주말 끝자락이지만 즐거운 시간 되세요. *^-^* (제
35화)

🔘 한세희(제자, 해양진흥공사 과장)

💬 교수님~ 글 잘 읽었습니다~ 운항시 복원력이 얼마나 중요한지를 너무나
쉽고 재미있게 써주셔서 금세 읽었습니다~ 나무 향을 맡으실 때마다 예
전 생각, 또 덜쿠퍼 씨 부부가 생각나실 것 같습니다. ^-^ 너무나 좋은
글 감사드리고요. (제5화)

💬 5편까지 연달아 다 읽어보았습니다~ 교수님^-^ 글도 너무 재미있고, 삽
화도 예뻐서 나중에 수필집으로 내어주셔도 너무 좋을 것 같습니다~ 교
수님.

💬 너무 재미있어서 금방 읽히고 몰랐던 사실들도 많이 알게 되는 글입니
다~ 교수님^^ 특히 마지막에 쌍안경으로 빨간 선을 찾으셨던 에피소드는
정말 순수하셔서 웃음이 났습니다 ~   ㅎㅎ (제6화)

🔘 백지수(변호사)

💬 교수님의 칼럼은 언제나 그렇듯, 독자로 하여금 궁금증과 흥미를 자아냅
니다. 저 역시 훗날 교수님이 선장으로 이끄는 크루즈선에 탑승해 보고
싶습니다.^^ (제4화)

💬 위 칼럼을 읽으니 큰 배를 타고 적도를 지나는 경험을 한 것 같습니다.
이처럼 누구나 쉽게 경험할 순 없으나 모두가 저 넓은 바다에 대한 동경
이 있기에, 매번 교수님 칼럼을 통해 멋진 바다여행을 즐기게 됩니다. 동
아일보 독자 역시 저와 같은 마음, 생각일 것입니다.^^ (제6화)

💬 이번 기고문을 통해 해외송출 선원의 생활을 이해하고, 머나먼 바다 위에
서 가족을 그리는 선원분들의 절절한 마음 또한 간접적으로나 느낄 수 있
습니다. 저 역시 이분들의 노고가 있기에 우리 해운산업이 발전할 수 있
었으리라 생각됩니다. 동아일보 독자들이 교수님의 연재를 통해 바다를
동경하기도 하고 또 그 위에서 일어나는 여러 사람들의 삶을 알아가며 그
렇게 바다와 소통하는 듯합니다. (제7화)

💬 교수님의 영어수업을 들을 때 또박또박하고 자신감 있게 영어로 말씀하시는 모습이 항상 기억에 남았는데, 3등 항해사 시절 영어뉴스와 영어책을 읽으시며 취미생활을 하신 덕분인 것 같습니다. 이 칼럼을 읽고 나니 저도 런던에 가면 중고서점에서 멋진 영어책을 사서 읽어야겠단 생각이 듭니다. 다른 독자들도 마찬가지일 것입니다.^^ (제10화)

👤 **김희도**(고려대학교 법학전문대학원 11기, 변호사)

💬 동아일보에 실린 교수님의 칼럼, 공유해 주신 덕분에 교수님의 과거 경험과 VHF통신의 장단점에 대하여 재밌게 읽어 보았습니다~!! 교수님의 바다 이야기는 언제 읽더라도 재밌고 흥미롭습니다!! 법공부로 지친 마음을 달래주는 단비로써 재미와 또 유익한 정보를 주셔서 정말 감사합니다~!! (제35화)

👤 **이미지**(동아일보 오피니언팀 기자)

💬 김인현 교수의 글에는 단순한 정보, 재미뿐만 아니라 낭만과 철학이 있다. 그의 글을 눈으로 훑어 내려가다 보면 어느덧 선장인 그의 손에 이끌려 수평선밖에 보이지 않는 바다와 땀내 나는 선원들과 칠흑 같은 바다의 밤하늘을 마주하게 될 것이다.

💬 지난 6년간 본보 독자들에게 신기하고 재미있고 아찔한 바다 여정을 선사해 주셔서 감사합니다. 출간을 진심으로 축하드립니다.

[저자약력]

경북 영해고등학교 졸업
한국해양대학교 항해학과 졸업(1982)
고려대학교 법학사, 법학석사 및 법학박사
University of Texas at Austin(LL.M.)
싱가포르 국립대학 및 동경대학 방문교수
일본 산코기센(Sanko Line) 항해사 및 선장
김&장 법률사무소 선장(해사자문역)
국립목포해양대학교·부산대학교 법대 조교수 및 부교수
한국해법학회 회장, 법무부 상법개정위원
로테르담 규칙 제정(UNCITRAL) 한국대표단
IMO 법률위원회 및 IOPC FUND 한국대표단
제5기, 6기 해양수산부 정책자문위원장
인천항만공사 항만위원, 대우조선해양 사외이사 겸 감사위원장
영해중고 총동창회장
(현) 고려대학교 법학전문대학원 교수(상법/해상법)
　　　고려대학교 해상법연구센터 소장
　　　선박건조금융법연구회 회장
　　　수산해양레저법정책연구회 회장
　　　제8기 해양수산부 정책자문위원장
　　　대법원 전문심리위원
　　　갑종 선장면허(1급항해사) 보유(2024년까지 유효)
　　　환동해남북경제포럼 위원장
　　　부산항발전협의회 정책위원, 세계해양포럼 기획위원
　　　동아일보 "김인현의 바다, 배 그리고 별" 칼럼 기고
　　　부산일보 "오션뷰" 칼럼 필진, 토벽동인

■ 저서
　해상법(제7판, 법문사, 2023)
　해운산업 깊이읽기(I, II, III, IV)(법문사) 외 다수

■ 수필집
　선장 교수의 고향 사랑(범우사, 2020)
　바다와 나(범우사, 2017)

바다와 배, 그리고 별 I

2024년 2월 15일 초판 인쇄
2024년 2월 28일 초판 2쇄 발행

저 자	김	인	현
발행인	배	효	선

도서
출판 **法 文 社**

주 소 10881 경기도 파주시 회동길 37-29
등 록 1957년 12월 12일/제2-76호(윤)
전 화 (031)955-6500~6 FAX (031)955-6525
E-mail (영업) bms@bobmunsa.co.kr
        (편집) edit66@bobmunsa.co.kr
홈페이지 http://www.bobmunsa.co.kr

조 판 법 문 사 전 산 실

정가 18,000원   ISBN 978-89-18-91458-9